九批判书

因为文，所以能琴棋书画，风乎舞雩，咏而归；因为质，所以能如孔融面诋魏武，梁漱溟「考验」领袖。作者身处学林之中，临几振衣，既是省人，也是自省。

章启群 著

北京大学出版社
PEKING UNIVERSIYT PRESS

图书在版编目(CIP)数据

九批判书/章启群著. —北京:北京大学出版社,2009.9
ISBN 978-7-301-15421-2

Ⅰ.九… Ⅱ.章… Ⅲ.社会科学-文集 Ⅳ.C53

中国版本图书馆 CIP 数据核字(2009)第 105190 号

书　　　名:九批判书
著作责任者:章启群　著
责 任 编 辑:王立刚
封 面 设 计:含　元
标 准 书 号:ISBN 978-7-301-15421-2/B·0806
出 版 发 行:北京大学出版社
地　　　址:北京市海淀区成府路 205 号　　100871
网　　　址:http://www.pup.cn　　电子邮箱:pkuphilo@163.com
电　　　话:邮购部 62752015　发行部 62750672　出版部 62754962
　　　　　　编辑部 62752025
印 刷 者:北京宏伟双华印刷有限公司
经 销 者:新华书店
　　　　　　650mm×980mm　16 开本　14.75 印张　200 千字
　　　　　　2009 年 9 月第 1 版　2009 年 9 月第 1 次印刷
定　　　价:28.00 元

我们全部的尊严就在于思想。

——帕斯卡尔

目录

序　优雅距离我们有多远？/1

甲　思想批判/1

一　我们的人文精神为何悄然离去？

　　——论知识分子与文化"书面文本"/2

二　学术性为何成为问题？

　　——从中国美学说起/15

三　诗人自杀究竟有什么意义？

　　——评刘小枫先生的一个观点兼谈海子自杀

　　事件/30

附录一　从对传统文本的误读透视顾城事件/44

附录二　中国美学：众里寻他千百度/48

乙　教育批判/65

四　当前中国教育的潜在破坏性分析及其对策/66

五　中国人为什么不能获得诺贝尔奖？

　　——从黄全愈先生的素质教育观念谈起/76

六　教育杀人，罪犯买单

　　——追问傅成励血案的深层问题/92

附录一　大学如何才是大学？/103

附录二　北大的改革也需要大手笔/111

附录三　中学语文教材的科学性如何保证？/118

丙　学术批判/123

七　"实践美学"为什么走向终结？/124

八　如何探讨中国艺术精神？

　　——质疑徐复观对于《庄子》"道"的理解/146

九　"政治天文学"之说能否成立？

　　——与江晓原先生商榷兼谈古代天文学向占星

　　学的转折/167

附录一　关于《庄子》的通信/195

附录二　武则天与历史理性/213

跋/218

序 优雅距离我们有多远?

1

上世纪 20 年代,印度诗人泰戈尔访华,徐志摩与林徽因陪同。当时报纸报道:林徽因人面桃花,泰戈尔仙风道骨,长袍白面,加上郊寒岛瘦的徐志摩,犹如苍松瘦竹春梅的三友图,成绝世佳品。

画面中的林徽因、徐志摩,是那个时代中国知识分子神采的剪影,定格了一代中国知识分子的风神骨峻。它流传在一个世纪以来人们的记忆中,让人们至今羡慕、仰望,不能忘怀。

其实,那个时代,除了林徽因、徐志摩,包括鲁迅、陈独秀、胡适、陈寅恪、冰心、郭沫若、郁达夫、梁实秋等等文坛名流、学界翘楚,尽管他们所专不同,信念有异,性格更是南辕北辙,但其精神气象无不让人感到神清气朗,如光风霁月。

假如有人倡议,我们在全中国海选,再凑成一幅三友图,作为这个时代知识分子的风神特写,那将会是一个什么图景?

当然,泰戈尔是伟大的印度诗人,我们无法用黄皮肤黑眼睛的中国诗人取代这个高鼻深目的雅利安人。海选也是无法实行的,因为这与电视剧演员的海选毕竟不同。我这样说不过是一个假设。但是,认真搜索一下中国的名流学者、教授们,我们可以试着找出几个人,与林徽因、徐志摩站在一起比试比试,例如大红大紫的明星教授们……这将会是一幅什么图呢?

在当下中国,美男靓女满大街都是,影视明星、歌坛新秀、美女作家、模特、超女、中国小姐、世界小姐、以"脱"一举成星的"星"们、以"跑"一举成名的名人,还有学术大师、大腕、讲坛擂主、名嘴……可是,我们却难以凑成一幅朗月清风的三友图。

差别在哪里?

不是外形的漂亮,不是表面的聪明才气,甚至也不是知识和思想。真正的差别,概而言之:一为雅,一为俗。有"雅",于是脱俗。缺"雅",于是入俗,甚至俗不可耐。

雅,或曰优雅、雅致,是个什么东西?

不说虚的玄的,还是从林徽因说起。人们眼中的林徽因主要有两点:美丽和聪明。沈从文说林徽因是"绝顶聪明的小姐",费慰梅说林徽因"能够以其精致的洞察力为任何一门艺术留下自己的印痕"。卞之琳说:"她天生是诗人气质、酷爱戏剧,也专学过舞台设计,却是她的丈夫建筑学和中国建筑史名家梁思成的同行,表面上不过主要是后者的得力协作者,实际却是他灵感的源泉。"费正清说林徽因"是具有创造才华的作家、诗人,是一个具有丰富的审美能力和广博智力活动兴趣的妇女,而且她交际起来又洋溢著迷人的魅力。在这个家,或者她所在的任何场合,所有在场的人总是全都围绕著她转"。萧乾在《才女林徽因》中记道:"听说徽因得了很严重的肺病,还经常得卧床休息。可她哪像个病人,穿了一身骑马装……她说起话来,别人几乎插不上嘴。徽因的健谈决不是结了婚的妇人的那种闲言碎语,而常是有学识,有见地,犀利敏捷的批评……她从不拐弯抹角,模棱两可。这种纯学术的批评,也从来没有人记仇。我常常折服于徽因过人的艺术悟性。"可见林徽因几乎是男人眼中的天使和菩萨。爱她的男人我们知道的有三人，或许还有无数的暗恋者。这三人中，徐志摩是最奋不顾身的追求者，梁思成是她的终身守护者，金岳霖爱得真挚、深沉，终其一生。从他对采访者的回答就可看出："我所有的话，都应该同她自己说，我不能（与别人）说，我没有机会同她自己说的话，我不愿意说，也不愿意有这种话。"

林徽因是优雅的。优雅不仅仅是锦衣玉食、琴棋书画。早年林徽因历经繁华，她的堂姐妹几乎都能细致入微地描绘她当年的衣着打扮、举止言谈是如何地令她们倾倒。然而，另一方面，林徽因既能耐得住学术的冷寂，又能抗得住生活的艰辛。她与梁思成考察古建筑，奔波于穷乡僻壤、荒寺古庙之间，历经千辛万苦。抗战期间困居李庄，亲自操持柴米油盐，在几乎一贫如洗、疾病缠身的困境下，仍执意要留在祖国。李健吾闻知此情激动地说："她是林长民的女公子，梁启超的儿媳。其后，美国聘请他们夫妇去讲学，他们拒绝了，理由是应该留在祖国吃苦。"这是真正的大雅之士！

从林徽因身上，我们看到一个有血有肉的优雅的品质。

没有优雅，尽管有靓丽的外貌，不过花瓶摆设；有一点知识，不过雕虫小技；有一点小才小智，不过哗众取宠。整个人生仍然逃不掉一个字：俗。

我们的时代，举世茫茫，从市井小民、商贾优伶，到军警政法、官员学者，能寻出几个风清骨峻的优雅之士？找到几个才情并茂的优雅之女？

2

人类的进步，是从野蛮不断走向文明。社会制度的完善标志着文明的进步。除此之外,文化是社会进步、发展的内在标志。文化与 GDP 有关系,但不能等同;与科技水平有关系,也不能等同;文化与博物馆、少年宫、科技馆、体育馆、歌剧院有关,但不能等同;与社会的教育程度有关,也不能等同。文化发展的水平有很多指标,但是,它可以体现在每一个社会成员、尤其是知识分子身上。

一个有序的社会,应该展示出文明的向度和层次。中国至少在三千年前的西周就建立了礼乐秩序。文明与野蛮就体现在君子和小人(野人)身上。受过教育的、代表当时文明教育成果的人是君子,因此,君子是当时社会的理想人格。孔子教学生就是以君子人格作为目标。他教学生以"六艺",并说:"兴于诗,立于礼,成于乐。"提出"文质彬彬"的品质标准,这是当时对于贵族子弟的最低要求,也代表着当时文明的向度。汉代以后出现的"三礼",详细论述了"礼"的意义、价值以及具体规定。"五经"是当时知识分子的必修课。完成了这些教育就达到当时的文明水准,就是那时的文化人,具备君子人格的必要条件。相反,不能达到这个文明水准,不能自觉遵从礼乐秩序的,就是那些没有受过教育的奴隶、平民,即小人或野人。整个社会的价值标准十分明确,就是以君子人格作为理想的人格。当然,这里面有贵族的特权思想,有阶级差异,这都是时代的局限性。可是,这一切不能否定它的合法性。

君子人格理想的传统在中国世代相传,延续了几千年。君子与小人(野人)之分,是高尚与卑下、文明与野蛮、文化与反文化的分野。知书达礼一直是中国人对于文明的共识。斯文扫地是对于知识分子失范或某种颠覆文化价值行为的谴责。"宁为玉碎,不为瓦全"是坚守君子人格的最后底线。作为整个社会的价值理想,君子人格理想对于社会全体成员都是一个典范。无论是富人还是穷人,无论是官僚、商人还是农民,都自觉认同而不会反对这一社会共同价值理想。于是,它构成了社会中心价值体系的核心部分,对于社会秩序起到制衡作用,成为社会文明的一根指挥棒。

因此,在中国古代社会,社会的上层,贵族、官员、士大夫、富商大贾、乡绅,从衣食住行到言谈举止,尚礼是基本要求,斯文是行为标准,因为礼义廉耻是君子人格一个门槛。所谓"君子一言,驷马难追",讲的是信用;"文质彬彬,然后君子",是内在品德与外在言行的双馨。他们即使不敢认为自己就是君子,但绝对不以小人自居。因为,在那个社会,被公认为小人的人,不仅没有身份,也没有信誉和道德可言,基本上被排斥在文明社会的社交舞台之外。即使是刚刚摆脱穷困的暴发户,无论他先前多么低贱、落魄,也要穿起马褂、长衫,附庸风雅。还一定让子弟读书应试,获取功名,因为不读书难以达礼。当年混迹上海滩的流氓头子杜月笙,发迹之后堂皇隆重地请人修家谱,把自己说成是杜甫后裔。这种事说来荒唐可笑,其实却体现了一种文明的向度。毕竟,它比现在的暴发户在豪华餐厅胡吃海喝斗狠斗富要有文化。

正是在这种文化传统之中,中国历史上的忠臣烈士不胜枚举,杀身以成仁的壮举史不绝书。当年梁漱溟在中南海怀仁堂,当面向毛泽东、周恩来正言,他要考验一下执政党有没有雅量,考验一下主席有没有雅量,体现的就是这种君子人格的伟大精神,成为现代中国君子人格精神的绝响。

中国传统社会的君子人格理想,代表着社会的文化向度,体现了文明社会的秩序。钱穆先生曾认为,中国文化本质上是农村文化。因为一代代乡村读书人,通过科举,走进皇城大都,成为官僚体制中的一员,而他的后代又逐渐衰落,被新的乡下读书人取代。进入国家管理中心的人才基本上来自乡村的有志青年。如果没有知书达礼、君子人格的社会价值理想的指引,中国古代社会的这种延续、发展是不可能的。

与传统中国社会的价值理想相异,君子人格在当下的中国社会几乎没有任何价值。至少,整个社会没有这样的共识,没有体现这种文明的向度。要不要把自己培养成君子人格,不是一个安身立命的基本问题,而是一个可有可无的问题。因为,它基本上不影响当下每个中国人的升官发财。君子人格既不是学历,也不是技能,更不是资本,实际上没有任何好处和实际利益。按照君子人格的要求,自觉维护和遵守一些道德操守,甚至是作茧自缚,也许在社会生活中生存更加艰难。而做一个小人,则没有任何坏处,既不会丧失任何东西,而且不受任何道德约束,也许在社会生活中顺风顺水,获得很多实际利益。所谓礼义廉耻、信用仁厚、刚正不阿,这些东西都不能产生直接利益,因而人们往往弃之如敝屣。相反,只要能产生实际效用、利益,哪怕冒天下之大不韪,被千夫所指,有些人也在所不惜。最简单直接的是骂人,特别是骂名人,其次是公示自己的艳照,还有的甚至挑战社会伦理底线,只要产生轰动效益,不以为耻,反以为荣。

人们对于"耻"的渐渐麻木,导致了一种反文化的社会倾向,痞子化于是应运而生。痞子化即是反文化的典型表现。当下中国,不论是富人还是穷人,都在下意识追求痞子化。不管是无业游民、暴发户,还是歌星影星、政府官员,甚至文人学者,也迎合下流低俗,不知不觉痞子化了。"我是流氓,我怕谁?"——就是这个倾向的总宣言。

痞子化在当下中国渐呈汹涌之势,挑战一切文明的秩序,冲击几千年的礼乐传统。在这样的景况之中,试问:国人何来优雅?

3

君子人格理想的摧毁，根源在当代中国教育。

人最根本的东西是人格。教育，首先是培养人的教育，即把学生培养成具有健全人格的人。至少从孔子开始的中国传统教育，一直以培养君子人格为首要。所谓"传道授业解惑"，首先是传道。这是教育最基本要求，古今中外概莫能外。而我们当下的教育被人称为应试教育，升学是这种教育的最终指向，于是，分数实际上成为衡量学生的唯一标准。家长和学生都把学校当成技能培训班，当成发财升官的桥梁。在这种情况下，中国学校里的品德教育只能是花拳绣腿。我们的学校因此忘记了教育最根本的任务：把学生培养成什么人？

通过调查我们知道，在今天中国的学校，一般的孩子也谈自己的理想。他们的理想无非将来成为科学家、影星、商人、经济学家、教授、部长、总理等等。这既是他们自己的理想，也是家长和老师对于他们的寄托。落实到学校生活中，这些理想都是具体的，就是上好学校，例如北大、清华、哈佛、剑桥，等等。因此，读书是为了考试，上好的学校是为了找到好工作，总之不外乎升官发财一类。因此，他们的脑子里整天想的就是考试。更可悲的是，离开考试，有些学生就一无所能，甚至惶恐不安。

然而，他们没有人格理想。没有人想成为一个君子，尤其是那种穷愁潦倒、家徒四壁颜回式的君子。也没有人畏惧做一个小人，甚至羡慕那些以小人之道获得巨大的利益成功者，认为这样做是值得的。更没有人要成为英雄，那似乎一点也不切实际。

一个缺少君子人格理想的社会，人格就会猥琐，唯唯诺诺就成为一种普遍的社会现象。因此,在任何机构,上级就是法官,哪怕只是一个科长、处长,权威形同上帝,没有人敢对他们的错误提出异议。上下级关系于是成为主奴关系。想想当年的梁漱溟,我们应该反思:这样的人在我们的学校能够培养出来吗?

中国教育在人格教育上的缺失,导致受教育者和没有受教育者之间没有真正的区别,因而失去了教育自身的神圣性。教育的这种失误,对于中国社会文化无序状态不仅是推波助澜,甚至是釜底抽薪,具有根本否定的效用。

有关当前中国教育的问题,后文将展开论述,这里就毋庸赘言了。

简言之,优雅是文化品质的根本体现,是社会文明的标尺。优雅缺失,恶俗必然成为时尚。检视一下当下中国艺术界,春节晚会就是一面清澈的镜子:搞笑逗乐、插科打诨、装疯卖傻成为主旋律,滑稽小丑变成舞台上的主角!从商业大片到学术讲堂,俗不可耐的东西无处不在,我们无法阻挡,无处躲避。

一个失去优雅的国度,无论它的人民多么富足有钱,珠光宝气,宝马香车,美轮美奂,却免不了总带着俗陋、野蛮的气息。

Nine Critical Remarks

九批判书

甲　思想批判

由于我们描绘的当下的中国文化是一种无根的文化,我们在丢弃了传统文化中的价值观念、道德理想等等之后,并没有一种新的文化观念体系来取代它们。这道先就造成了与文化关系最为密切的知识分子在观念上的混乱,并直接导致他们在行为上的失范。

一　我们的人文精神为何悄然离去?

——论知识分子与文化"书面文本"

1

弗洛伊德理论认为,在每个人的无意识深处,都有一个"我是谁"这样的问题。可以推想,"何为知识分子?"大概也是读书人群体无意识中的秘密和情结。

古代中国的圣贤对知识分子的界定和要求是很高的。曾子说:"士不可以不弘毅,任重而道远。仁以为己任,不亦重乎? 死而后已,不亦远乎?"(《论语·泰伯》)孔子说:"君子谋道不谋食,……君子忧道不忧贫。"(《论语·卫灵公》)孔子甚至还说:"朝闻道,夕死可矣。"(《论语·里仁》)这里的知识分子不仅是"士",还是"君子",再进一步就是"贤人"、"圣人",即张载所要求那样的人:"为天地立心,为生民立命,为往圣继绝学,为万世开太平。"(《张载集·近思录拾遗》)这与其说是界定了"知识分子",不如说是界定了一种知识分子的理想。当然,在中国,有很多知识分子是以此作为安身立命的准则和目标。所以,中国历史上救国救民、可歌可泣的忠臣烈士、英雄好汉不胜枚举。但是,我们决不能说,不是忠臣烈士的读书人,甚至是像秦桧、周作人这样对民族有罪的人就不是知识分子。这说明,从一种政治理想或者伦理道德的角度来界定知识分子,是有很大的片面性和局限性的。

在关于知识分子的理论中,我很赞同祝东力先生提出的观点。他在援引了马克斯·韦伯对知识分子的定义后指出:"可以说,知识分子最低限度的职能是掌握、传承、创制文化。具体地说,主要是掌握、传承、创制书面文化,即通过写作而固定下的各种文本的世界。这个最低限度的职能也是最基本的职能——由此派生出知识分子的其他职能。因此,书面文化的特性成为理解知识分子本质的起点。"①

我认为,这里的"写作"应该做更宽泛的解释,它并非仅仅指用语言文字来书写,而是包含"创制"和"生成"的含义。因此,"书面文化"应是"各种文本的世界",不仅包括文字的典籍,还包括各种艺术的作品、文化建筑物,以及一切具有文化价值和意义的各种物质载体。比如,一种社会风俗、习惯,是一种文化。如果我们把它记录或拍摄下来,就成为"书面文本"。胶片、录音带、录像带,与文字书籍一样,都是一种文化的物质载体,都是文化的"书面文本"。

知识分子的最基本职能是掌握、传承、创制文化的"书面文本",这就决定了知识分子与文化之间的密不可分的关系。因为,文化的历史正是通过这些"书面文本"的流传,才得以承续和发展。知识分子实质上是这种"书面文本"的承担主体——创制者和解释者。如果没有知识分子,原始形态的文化,像民间的艺术、宗教、哲学甚至技术,等等,都难以得到保存、流传,更难以发展。所以,各世界民族文化发展到一定阶段,都会出现不同形式的"书面文本"。否则,一种文化要么断绝,要么始终处于原始形态。这大概是文化发展的一条规律。这里又涉及文化发展中"雅"与"俗"的问题。

---

① 见《美学与文艺学研究》第二辑,第21页。首都师范大学出版社,1994年。

古今中外的文学艺术,从源流上说,民间的、口传的是源,即原初的。古希腊的荷马史诗,中国《诗经》中的"国风",以及印度古代的诗歌等,最早都是民间口头流传的。但是,这些原始形态的艺术,必须形成"书面文本",才得以流传下来。就是说,它们必须经过知识分子的认可和整理加工,才能流存。这种民间的、口头的东西与"书面"的、知识分子化的文本的关系,在本质上就是"俗"与"雅"的关系。尽管"俗"是"雅"的源头,但是,"俗"要想流传千古,则必须上升为"雅"。这里的"上升"不仅仅是狭义的修饰、改造之意,而是一种复杂的置换过程。"认可"常常也是一种置换。所以,流传的基本上都是"雅"的东西。中国古代从"诗三百"、楚辞、乐府,以至宋词、元曲、杂剧、话本、小说等,都经历了由"俗"变"雅"的置换。外国也大致如此。在由"俗"到"雅"的过程中,最关键的因素是知识分子参与"书面文本"的整理与创制。我们很难想象,如果没有以李白、欧阳修、柳永、苏轼、南唐二李、李清照等为代表的知识分子的参与创造,长短句(词)会有那么辉煌的成就!同样,如果没有汤显祖、李渔、冯梦龙、曹雪芹等人,那些民间的说书,街谈巷议、"假语村言"会成为中国文学史上的灿烂明珠!"诗三百"相传经过孔子的删定;屈原的《离骚》,更是民间"楚辞"的升华。这种俗文化被雅文化整合的情况,贯穿于整个中国古代社会。

另一方面,如果没有知识分子,历史上流传下来的"书面文本"也得不到阐释,就会变成谁也读不懂的"天书",成为一堆僵死的、无用的遗存、古董,这也就意味着一种文化的断绝和湮灭,当然也不会发展了。当然,阐释不是照本宣科。马丁·路德对《圣经》的解释与奥古斯丁的不同,中国的经学也有今、古文之争,这是现代解释学的问题,属于另一类问题。由此可知,知识分子实质上是文化历史的承担主体。人类历史上很多文化的消亡,实质是那些文化中的知识分子灭绝了。古代埃及、巴比伦以及西亚某些文明的灭绝,变成了"死文化",主要是掌握、解释、创制这些文化的知识分子灭绝了。虽然我们还能在这些文明的废墟上发现一些完整的或残破的"书面文本",比如古埃及法老墓葬中文字,西亚沙漠中的残碑等,但面对那种不能破译的文化密码,我们丝毫不能读解它的意义,而只能作为一种"异物"保存,就像天外飞来的陨石一样。这些"异物"虽然存在,但它们所代表的文化却死亡了、湮灭了。原因就是,它们的承担主体——知识分子灭绝了。

一种文化的知识分子的灭绝,就意味着一种文化的消亡。这对于人类来说,尤其是对于本民族的人类来说,至少要比任何一种珍稀动物,比如美洲虎、非洲象、大熊猫等的灭绝更加令人忧患。因为,这不仅是文化意义上的,也是生存意义上的。民族文化与民族自立同根同体,共存共亡。文化灭绝了,亡国灭种是早晚的事。

2

中国文化的历史源远流长。同各民族文化一样,中华民族的文化传承、发展,也集中体现在流传的文化"书面文本"中。幸运的是,我们虽然经历过秦始皇的"焚书坑儒"和历代战火洗劫,甚至在近代屡经外族入侵,例如八国联军的抢掠焚毁,这些"书面文本"仍未灭绝。汉代就有从孔壁中发现《尚书》的事,现代考古技术更是源源不断地发掘出古代文化的"书面文本",譬如甲骨文、楚简、汉简、帛书、石器、陶器、青铜器等。更为幸运的是,中国的知识分子也没有灭绝。这不仅与我们的学统有关,也与我们的道统、政统有关。所谓"道之所存,师之所存也"(韩愈《师说》)。甚至外族入侵时,也大量起用汉族知识分子而主动认同中原文化。从文化的观点说,这真是我们民族的大幸!

然而,这种幸运当下正受到挑战,我们民族的文化目前正处于一种前所未有的困境之中。问题仍然不在于文化的"书面文本",因为我们的古代典籍、文物和遗址,还是受到政府的保护,古籍的整理工作也在进行。问题的关键还是在于知识分子。

在我们中华民族传统文化的"书面文本"中,经史子集这些文字经典,应该是最重要的部分。当然,除此之外,我们还有长城、莫高窟、天坛、故宫、都江堰、赵州桥等,这些虽然也很重要,它们毕竟不能构成我们文化"书面文本"的主流。承认经史子集是我们传统文化的主要"书面文本",那么,对这些文本进行解释、传承,应该是我们民族文化持续发展的一个必要的前提。可目前的情况是,这些文本在整体上已经与当代的中国知识分子、尤其是人文知识分子陌生化了。

"五四"新文化运动以降,我们对传统文化采取了一种过激的批判态度。在关于文化的讨论中,保守主义一直处于劣势。激进主义者不仅在文化批判中口诛笔伐,而且在新的文化、教育体制的设置和政策制定中,把他们的思想观点落实到行动上。在文化政策方面,我们不仅"破四旧"一以贯之,甚至国家文字改革委员会明确提出,中国文字要走世界拼音化的道路,就是要废除汉字,用拼音罗马字取代汉字。在这个思想指导下的汉字研究和改革试验直到上世纪80年代才停止。其实,在语言文字的研究方面,我们也一直用西方的语言规范作为我们的方法和目标。教育方面,人文学科中传统文化教育比重极小。小学毕业生的语文水平几乎近于文盲,初中毕业生勉强能写家信,不仅受过12年语文教育的普通高中毕业生不能阅读古代典籍,大学中文系的本科生,也很少能阅读古籍。我们阅读、阐释传统文化典籍的一些基本手段和方法,比如汉语文字学、音韵学、训诂学、版本学、目录学、校勘学,不仅一般的研究生,就是人文科学的学者教授们,也说不出子丑寅卯。这种教育,加上不断地反传统文化(例如"破四旧")的运动,造成了几代人对传统文化典籍的隔膜。上述对于我国当前语文教育的这种描述,并不表示我对这种教育持全盘否定的态度。新式教育比起传统的私塾,当然有无可比拟的优越性。但是,我们语文教育的这种现状,是否说明传统教育中还有些值得我们学习、借鉴的东西?我们有很多传统的学术濒于断绝。在汉学研究的很多领域,我们赶不上日本人和德国人。事实上,我们在传统学术方面的落伍,其差距不亚于我们在科技和经济方面的落伍。更可悲的是,这一点现在似乎还不为大家承认。

毋庸讳言,新的时代有新的学问。古代和近代中国的知识分子,主要是人文知识分子。他们都有掌握、传承、创制经史子集的基本能力。当代中国的知识分子,除了人文科学知识分子以外,还有自然科学、社会科学的知识分子。他们也能掌握、传承、创制某种文化的"书面文本"。尤其是自然科学知识分子,他们在自然科学方面的杰出的工作,不仅带来了西方文化的科学精神,也为中国现代化的物质文明作出了巨大的贡献。另一些人文和社会科学知识分子,虽然不能阐释中国传统典籍,却能读解西方或其他民族文化的"书面文本",这对于我们的人文科学、社会科学,以及整个社会政治、经济、文化的现代化进程,无疑是有益的,也是必需的。而且,在开放的现代社会,这也是文化发展的一种必然。我们的经济学、法学、社会学等,基本上是建立在西方文化的原理之上的。但是,从根本上说,这些都不是我们自己的文化。或者说,这些文化还没有我们民族的特色。

世界上任何民族都必须有自己的文化。当然,这种文化可以发展、可以转换,但必须在本民族扎根。可以假设,如果我们能够与传统的文化彻底决裂,并能在此基础上建立一种新的文化,那肯定也只是一种别的民族的文化。而且,问题还在于,我们是否能与传统的文化彻底决裂?是否能脱离传统文化来进行新的文化建设?这也是"五四"以来文化论争中的一个老问题,我在此当然无力作出断然的结论。但是,从对当下国内文化状况的一种现象描述,我们或许能得到一些启发。

3

有人说,20 世纪中国小说家中,坐第一把交椅的仍是鲁迅。何以在鲁迅逝世后半个多世纪的岁月里,中国没有出现第二个鲁迅,或者"超鲁迅"? 这是鲁迅那一代人的荣耀,却是我们全民族的悲哀。

这种情况在整个文学艺术界普遍存在。齐白石、张大千、徐悲鸿、黄宾虹等,仍是美术界的大师和典范;民族音乐听来听去还是《十面埋伏》、《二泉映月》等有味道;中国电影在上世纪 30、40 年代离好莱坞只有一步之遥,而当前的第五、六、七代导演大约还没有这种辉煌(横向比较,不是纵向比较)。比起赵丹、崔嵬、石挥、孙瑜等这些老电影艺术家们,眼下那些大红大紫的明星们,大概要稍逊一筹,至少在功力上是如此;戏曲界人们津津乐道的还是"四大名旦"、俞振飞、白玉霜、常香玉、袁雪芬、红线女等;甚至流行音乐,有人说,比比美国的迈克尔·杰克逊等,中国现在的歌星只能算是业余爱好……中国当下的这种文化,似乎是停留在原初性质的"俗"的阶段。那么我们是否可以发问:参与这些文化"书面文本"创制、生产的人们是知识分子吗? 他们是什么样的知识分子呢?

同样,人文和社会科学很多领域的事实,与文学艺术界一样令人难堪。就整体而言,当前的人文和社会科学知识分子,对于"五四"时代的学者,仍难望其项背。王国维、梁启超、陈寅恪、赵元任,这些当时清华国学院的导师,成了不可企及的大师和学术巨人。胡适、汤用彤、冯友兰、金岳霖、闻一多、顾颉刚、翦伯赞、陈康、洪谦、宗白华、朱光潜、王瑶、王力等等,仍然是各学科中膜拜的偶像。历史让他们成为幸运者,后来者则成了铺垫和陪衬。这是什么原因造成的呢?

当然,大师和巨匠的出现具有历史的阶段性。但是,一个民族的文化在整体上出现这种萎缩和无序的现象,绝不只是一种偶然。很多人把这种情况归结为社会经济和政治的变革,即所谓转型期造成的。他们认为,政治的动荡、经济的冲击是我们学术、文化萎缩和堕落的根本原因。这种观点忽视了中外历史上一些基本的事实。政治、经济大变革时期,即所谓转型期,并非一定是学术、艺术、文化的衰落时期,而常常是相反,社会大变革带来学术和文化的巨大繁荣和辉煌。15、16 世纪的意大利,是从封建的庄园经济和政治向市民经济和政治的转型时期,同时也是辉煌灿烂的文艺复兴时期,出现了达·芬奇、拉斐尔、米开朗琪罗等文化巨匠,创造了人类历史上一种不可逾越的典范。19 世纪的俄国,也是农奴制向资本主义制度转变的剧烈动荡的时期,它产生了托尔斯泰、列宾、柴可夫斯基、别林斯基、车尔尼雪夫斯基等杰出人物,留下了不朽的文化瑰宝。在中国历史上,诸侯争霸的春秋战国正是诸子百家产生的时期;军阀割据战祸惨烈的魏晋南北朝又是中国学术、艺术、文化异常繁荣的时代……从理论上说,在这种大变革的历史阶段,各种经济的、政治的、文化的教条和规则都被打破而需要重建,它给思想家、艺术家创造了空前的自由,提供了广阔的舞台和机遇,这些正是学术文化蓬勃发展的重要条件。

　　还有人认为,中国目前呈现的文化现象,属于后现代文化。这是改革开放受西方文化影响、冲击的结果。这种说法过于简单化了。众所周知,后现代文化是后工业社会的产物。中国目前还是发展中国家,目标是要实现现代化,距离后现代社会还很遥远。不能说中国现在有人唱卡拉OK、电视上有广告等等,就是后现代,这就像一见到毛刷子,一定就认作哺乳动物一样。另一方面,即使在当代西方发达的资本主义国家中,虽然有一些后现代特征的文化现象,但是,严谨的学术研究和严肃艺术,却从未中断过。在文学艺术方面,且不说像凡·高、毕加索、布莱希特等这些早些年代的艺术大师,仍然具有崇高的地位和影响,就是当下的卢浮宫、维也纳歌剧院等,仍然是人们仰慕的艺术殿堂。即使只有二百多年历史的美国,虽然摇滚乐震耳欲聋,但百老汇剧院仍然是经久不衰,从未有过"关闭"的惶恐。美国的歌剧、芭蕾舞、交响乐、电影等,仍然是世界一流。就是流行艺术和摇滚乐,也是成熟的,原汁原味。在学术方面,西方继老一代的哲学家弗雷格、胡塞尔、海德格尔、维特根斯坦、弗洛伊德等之后,出现了伽达默尔、蒯因、德里达、哈贝马斯、罗尔斯等新一代杰出的学者,呈现出"不尽长江滚滚来"的蓬勃景象。

　　因此,面对中国当前出现的文化萎缩、无序的危机,我们必须回到文化本身来进行深刻地反思。是否可以说,我们当前的文化萎缩、失序,主要是因为它无根?这种无根的文化是一种无源之水,无本之木。无根是由我们对民族传统文化主要文本的陌生化造成的。一代新的读书人与传统文化"书面文本"在整体上的隔膜和断裂,是造成我们当前文化萎缩和无序的真正根源。

4

我们说,文化的流传、发展,主要是通过它的"书面文本"实现的。"书面文本"是文化的物质载体。在我们传统的经史子集中,不仅传承着"文字的"意义,还包蕴着哲学、艺术、宗教、伦理等思想和观念。中国在两千多年的历史过程中,经过不断地冲撞和整合,形成了儒道释交叉互补为特色的文化观念和精神。它作为一种意识形态和价值体系,对中华民族的集体心理和深层观念有着长期和决定意义的影响。我们民族的行为方式、处世态度、道德理想、审美观念、宗教信念,甚至思维和生活的习惯等,都受到这种传统文化观念和精神的支配和影响。民族发展中必然形成民族的文化,而民族的文化必然又在民族的发展中起着不可替代的作用。两千多年的中国历史表明了这一点。

在文化的"书面文本"和社会的观念世界或意识形态之间,作为这种文本解释者的知识分子,在一个民族的社会生活中,就占有非常重要的地位。可以说,知识分子是沟通这两者的桥梁。知识分子是一种文化观念体系的传播者,而当不同的文化发生冲突时,他们还是自己文化的守卫者。知识分子的这种地位和功能,在中国集中体现在"师"的身上。孔子就是"大成至圣先师"。韩愈说:"师者,所以传道受业解惑也。"(《师说》)在这里,"传道"是首要的。"道"不仅是一种政治理想、道德准则、价值体系,还包括行为规范和审美趣味等。这个"道"就是孔子的"朝闻道,夕死可矣"、"道不行,乘桴浮于海"的"道",也包含在孟子的"不忍人之心"中。宋儒称之为"理"、"良心"。与之相应,中国古代的学校称作"庠序":"庠者养也;校者教也;序者射也。夏曰校;殷曰序;周曰庠。学则三代共之,皆所以明人伦也。"(《孟子·滕文公上》)因此,传授这种"书面文本"的知识,不仅是"教书",还是一种"教化":"庠序者,教化之宫也。"(《孟子·梁惠王上》:"谨庠序之教。"赵歧注云)于是圣人首先是"师":"圣人,百世之师也"。(《孟子·尽心下》)师之所以如此重要,有如此高的地位,就是因为他在社会中所担当的重大作用。《易传》说:"圣人以神道设教,而天下服矣!"(《观卦·象辞》)孟子说:"善政,不如善教之得民也。"(《孟子·尽心上》)"为人师表"在古代中国,则是一种典范和象征。孔子就是"万世师表"。因为,"圣人,人伦之至也"(《孟子·离娄上》)。这种"师表"对社会的影响是巨大和深远的。中国社会两千年的历史亦可以证明这一点。

我们对传统文化中经史子集的陌生化,从根本上说,也斩断了我们与传统的文化观念和精神,即传统的价值体系和意识形态的联系。就是说,由于解释者在整体上的缺席,我们传统文化"书面文本"中的观念和精神,也与我们陌生化了。它就像远古的神话和传说一样,只让我们感受到一种异样的神秘,或者让我们猜测到一种遥远的思想和观念,与我们当下的生活没有直接的关联。这种观念形态上的演变,也必然会影响到每个社会个体的行为和生活态度。观念和行为之间的关系是内在的,甚至是无意识的。我们看到,"五四"时期,作为反传统文化主将的鲁迅和胡适,他们的婚姻事实是与他们的文化主张相矛盾的。尽管他们理性的认为应该与这些"封建文化"彻底决裂,但是感性和无意识却常常固守着传统的观念。因为,浸透在他们骨子里的"四书五经"已经构成他们人格的一部分。如果说,他们在传统文化意义上达到了"从心所欲不逾矩"的程度,那么,反过来说,如果没有对传统文化"书面文本"的深刻理解和把握,而装模作样地去修炼一种大儒的涵养或庄禅人格,不仅不可能,还常常会走火入魔,遁入歪门邪道,顾城可以说就是一个极端的例子。①

　　知识分子由于和文化"书面文本"的特殊关系,他们的行为和观念往往表现得更加自觉,因而更为一致。所以,这种文化的断裂,首先体现在现代知识分子的行为中。从整体上,我们不难看出,新一代的知识分子(没有受到传统文化教育的)与传统的知识分子在行为方式上的很大差异。从积极的意义上来说,新的知识分子具有更多的务实精神,不像很多传统知识分子崇尚清高,喜欢空谈。但另一方面,我们传统文化中,特别是儒家文化中的一些积极的东西,像"富贵不能淫,贫贱不能移,威武不能屈"的操守,"士可杀,不可辱"的气节,以及"一箪食,一瓢饮"的孔颜乐处,与"达则兼济天下,穷则独善其身"的理性原则,在新知识分子的观念中已经淡化了。在人格修养方面,孔子所称道的"刚毅木讷",孟子提倡的养"浩然之气",宋儒、明儒宣扬的"穷理尽性"、"格物致知"、"赤子之心"、"童心"等,在当代中国知识分子身上已不多见。更有甚者,连"己所不欲,勿施于人"这些一般的行为准则,也被很多人抛弃了。

　　由于我们描绘的当下的中国文化是一种无根的文化,我们在丢弃了传统文化中的价值观念、道德理想等等之后,并没有一种新的文化观念体系来取代它们。这首先就造成了与文化关系最为密切的知识分子在观念上的混乱,并直接导致他们在行为上的失范(就伦理意义而不是法律意义而言)。作为古典意义上的"师"的知识分子阶层,在现代中国逐渐消失了。"为人师表"这句话的深厚、沉重、庄严的意义被不知不觉地消解掉,变成了一句没有实质内容的客套话。这样,中国知识分子从整体上失去了精神和人格上的典范的力量,变成了仅仅是一些掌握了某些技能的

————————————

　　① 参见附录一:《从传统文化的误读透视顾城事件》。

人。我们时下所称的"文化人"与古人所称的"匠人",在本质上已经没有区别。而知识分子从"师"的位置上的退场,从社会学的角度说,也使全社会的行为失去一种现实的影响力和理想的感召力,缺少一种伦理的和心理的制衡,从而必然出现全社会成员行为的不规范。在这种价值观念、道德理想和伦理规范失序的时候,经济学的利益原则于是成为全社会成员不得不遵循的唯一原则。经济学实质上也成了全社会最仰慕的学问。简言之,为了利益,为了赚钱,没有什么事不能做。所以,卖假药、假酒、贩毒、坑蒙拐骗……应有尽有。它不仅仅表现在商界,也表现在政界、文学界、艺术界、学术界等社会各界。

综上所述,我们是否可以说:文化上的无根,是当下中国几乎在一切行为方面缺少规范的最深根源?

不少有识之士,有感于国人的道德理想滑坡,价值体系紊乱,甚至是全民族的"精神贫血",大声疾呼重建人文精神。应该说,这是一个非常及时的口号。但是,我的问题还在于:人文精神从哪里来?

这就是本文所最为关注和竭力追问的一个问题。

（原载《原道》第四辑,题目和个别文字有删改）

二　学术性为何成为问题？

——从中国美学说起

在 20 世纪中国,美学在一段时期内曾经远远超越了自身的学术界限,几乎成为一种知识分子的"全民话语"。似乎每一个认识汉字的中国人,都介入到美学学术问题的讨论中。对于"美是什么"、"美是主观的还是客观的"等美学学科的核心问题,不管是社会科学还是自然科学的研究者,从专家学者到普通的社会青年,都试图发表一番自己的高论,企图解决这个古今中外千年未决的难题。其实,任何学科里的核心问题总是非常专门化的,人文社会科学与自然科学一样,在一些学术的前沿问题上,只能是极少数专家才具有真正的发言权。就像并不是人人都能够真正理解爱因斯坦的相对论一样,也不可能要求人人都能够真正理解康德的美学思想。相反,如果说人人都可以进行严肃的美学探索和研究工作,那就像人人都自信自己能够研究物理学上的相对论一样荒唐、可笑。这种"美学热"的现象,从根本上说明了中国美学研究的一种非学术化倾向。①

中国美学研究的非学术化现象,至今仍未消失,只是变换形式和花样,以别的方式表现出来。因此,提出中国美学研究中的学术性问题,应该是当前中国美学研究的一个必要前提。

------

① 关于"美学热"的现象及其原因,可参见祝东力的《精神之旅——新时期美学与知识分子》(中国广播电视出版社,1998 年版)。该书对于 20 世纪 80 年代以后中国美学的发展,从思想史的角度,以深刻、独到的眼光和鲜明、犀利的文笔,作了鞭辟入里、入木三分的分析和论述,揭示了当代知识分子与美学研究的思想历程,同时也从一个角度揭示了中国当代思想发展的线索,是迄今关于 20 世纪中国美学发展外部原因的最好研究。

1

20 世纪中国学术界有个非常突出的现象：几乎人文和社会科学的所有大家、权威，都出现在 50 年代以前。然而，这一历史阶段的中国正处于内忧外患、风雨飘摇之中。1900 年，刚刚经历甲午惨败和变法夭折的大清帝国，在进入 20 世纪的第一年，就被八国联军攻入北京，打得七窍生烟，千年古都遭受凌辱、洗劫。尔后，辛亥革命半途而废，军阀经年混战，民不聊生。一直虎视眈眈、有亡我之心的日寇则趁火打劫，继"九一八"占领东三省之后，又制造了"七七"卢沟桥事变，发动全面侵华战争。民族危亡到了最后的时刻，四万万同胞浴血抗战八年，终于胜利。而国共内战硝烟又起……直到 50 年代初期，中国内地的和平才姗姗来到。

但是，真所谓"国家不幸诗家幸"。虽然国难当头，民不聊生，而中国的学术却辉煌灿烂。除了自然科学外，在人文社会科学方面，我们不仅看到以胡适、鲁迅、陈独秀等为代表的令人耳目一新的新思想和新学术，看到"五四新文化"所展示的广阔远景和高妙境界，也看到康有为、廖平、梁启超、王国维、陈寅恪等大师对传统学术所作出的精彩阐发。在人文和社会科学的各个领域，大师辈出，群星灿烂。仅哲学一科，即有胡适、洪谦、金岳霖、汤用彤、冯友兰、熊十力、梁漱溟、贺麟、宗白华、张岱年、王宪钧、艾思奇等名家。这种异常繁荣的学术景象，在几千年的中国历史上也不多见。

遗憾的是，在 20 世纪 50 年代以后，这样的大师和权威再也没有出现，中国学术几乎是停滞甚至是倒退了。有人把钱锺书的逝世说成是当代中国最后一个大师的消失。随着这些学术大师的自然逝去，有些学术的进展基本上终结了。而那一代的大师和权威,至今还横亘在当下中国学人的面前,成为一道难以逾越关口,甚至成为当前我们一种批评或评论的标准和尺度:人们常常把接近这些大师和权威当成一种莫大的荣誉和成就。后来的中国的人文和社会科学的学者们,只能在这些前辈的阴影下徘徊、摸索。

这种整整一代人的落伍的原因,这种带有全民族整体性的学术停滞和倒退的现象,应该是当代中国思想史研究的一个重大课题。①

中国学术的这种整体的状况决定了20世纪中国美学的命运。

从外在的现象来看,上世纪初蔡元培提出"以美育代宗教"的口号,在思想界、学术界如一声春雷,振聋发聩;30年代朱光潜《给青年的十二封信》发表,在青年中产生了极其广泛的社会影响;50年代和80年代两次声势浩大的"美学大讨论",几乎淹没了所有学术研究的话题,出现了学术研究的"大普及"现象。现在,不仅全国所有综合性大学设有美学教席或教研室,而且一般理工科大学、学院也开设美学课程。从国家到省、市的社会科学院,几乎都有专门的美学研究机构。每年中国出版、发表的美学新旧著述的数量,大概亦可为世界之冠。中国美学界这种出奇繁荣的景观,可谓世界罕见。一些西方的学者对这种现象大惑不解。就是在一些人大呼小叫美学"衰落"的今天,这种状况也没有发生本质的变化。因此,回首过去的一百年,人们不禁会产生一个诗意的联想:美学在20世纪的中国,就像秋天里北京西山的一片红叶,既美丽,又红火。

---

① 我认为,造成这个原因是多种的,有意识形态的因素,有社会政治、经济等因素,但是,最根本的还是"五四运动"以来的文化观念的因素。彻底反传统的文化观念,影响到中国的政治体制、教育体制、文化传播、道德行为甚至审美趣味。在这种彻底反传统的过程中,不否认有些工作具有重大的进步意义,但另一方面则呈现出一种具有深远影响的历史负面效应。

实质上,中国的美学研究,在 20 世纪的上半叶确实呈现出一种蓬蓬勃勃的景象。以蔡元培、朱光潜为代表的学者对于西方美学作了完整、系统的介绍,多种美学观点和理论渐渐成型,尤其是从王国维到宗白华的美学研究,已经勾勒出中国美学自身建设的大致轮廓。正如一场精彩纷呈的大戏开幕之前,已经奏出了有声有色的序曲。但是,在 20 世纪的下半叶,这种富有生机的景象被一种肤浅的、表面化的喧闹所代替。除了与意识形态相关的一种美学理论呈现出畸形的繁荣以外,其他的美学理论和思想几乎无学可谈。50 年代和 80 年代的两次"美学大讨论",虽然规模和声势不亚于中国经济建设中的"大跃进"运动,然其学术意义微乎其微,大概仅仅能与 80 年代哲学界的"真理大讨论"相提并论。论战中有所谓四大派之分,实则只有一家,就是"实践美学"。后来四大派的逐渐同一就是一个证明。不难看出,20 世纪的中国美学与整个中国人文和社会科学的学术命运几乎完全相同。

20 世纪下半叶以后中国美学界出现的这种现象,有一个重要原因,是把学术与意识形态混在一起。这种情况与当时整个中国哲学界乃至学术界的情况具有一致性。人们把很多意识形态的说法当作学术问题,因此陷入误区,不能自拔。学术与意识形态之间具有一定的内在联系,甚至可以说学术与意识形态在某种意义上是难以分割的。但是,学术与意识形态两者之间区别又是非常清楚的。例如,马克思的《资本论》虽然是无产阶级革命的学说,具有强烈的意识形态色彩,但它是学术著作,是科学研究的一种典范。而我们无论如何不能把"文化大革命"中的大批判文章,例如姚文元《评新编历史剧〈海瑞罢官〉》称为学术,它只能是意识形态斗争的一种手段或工具。当然,我们也不能简单否定意识形态斗争的合理性,一概否认它的价值和意义,但是,无论如何,意识形态斗争的价值和意义决不能取代学术的价值和意义。尤其是在 20 世纪下半叶的中国，从批判胡适、胡风，一直到"文化大革命"，意识形态的斗争几乎达到信口雌黄、指鹿为马的程度，这样的论战文字具有何种价值与意义，是不言而喻的。

把学术与意识形态混为一体的直接恶果，是败坏了学术的风气。这种恶劣的学风滥觞于上世纪 20、30 年代的某些文化争论，而于"文革"中的大批判文章达到登峰造极，形成了 20 世纪中国学术界的一种特殊写作范式。这种文章和著作没有学术的规范和尺度，在观念上偏狭，在方法上僵化，在文风上霸道、恶劣，把所有的学术问题意识形态化，也就是把学术问题政治化，让学术的讨论变成一种政治的交锋。在这样恶劣的风气下，人们决不会有真正进入严肃的科学和学术研究领域中探索真理的精神，也不会有对科学和学术研究本身的尊重甚至敬畏，更不会扪心自问对于学术是否具有真正的忠诚的那种自觉。人们常常因为一篇文章、一本书甚或一句话而被审查、坐牢，被流放改造，甚至丢掉性命。这种恶劣文风在整个学术界包括美学界影响深远，其危害难以估量。在这种恶劣的文风影响下，学者们战战兢兢，顾虑重重，如履薄冰，不敢越雷池一步。严肃的学术研究无法进行，真正的思想不能表达，于是庸俗、浅薄的观念泛滥成灾。检视一下中国 20 世纪 50 年代以后用美学名义发表的著作、文章，在观念和方法上与大批判文字具有本质不同，真正有学术价值的实在寥寥无几。甚而至于，在当下中国的学术界，人们是否彻底摆脱了这种观念和方法，还是个问题。

学术与意识形态混为一体的另一消极影响是在人们的心理惯性上。中国美学界的很多人把这种吵吵嚷嚷的闹剧式的政治运动，当作严肃、专门、甚至冷清的学术研究的唯一方式。他们在经过"美学大讨论"的表面的热闹之后,对于当下美学界的所谓"沉寂"的状况具有一种失落感,常常怀念昔日的"热烈"与"辉煌",哀叹今日中国美学界的"衰败"与"没落"。很多从事美学研究的学者教授们在今天的状况下,对于美学的学术研究无所适从、不知所措。因此,在中国美学界,近年来出现了一些有趣的现象:一些学者转向其他领域,例如宗教学、政治学、法学、文学批评等学科。其中有些人甚至把自己研究美学的经历看做是一段"弯路"或"歧途",大有悔不当初的心境;另一些人仍然与意识形态"接轨",从事政府所倡导的"美育"、"素质教育"等普及性工作。应该说,这种活动具有一定的社会意义和价值,但已经远离了真正严肃、艰苦的美学学术研究本身;还有为数不少的一些人则随着经济一体化的大潮,半推半就地溜入名为"大众文化"和"商品美学"、实为商品交换和金钱买卖的大市场,与矫揉造作、小资情调的"时尚——休闲"文化融入一体,参与到诸如明星绯闻、足球黑哨、绑架撕票、保健娱乐、主持人"随笔"(见识一下有些"随笔",就能体会到汉字"扯淡"这个词的真正含义)等现代社会光怪陆离的媒体炒作大杂唱。然而,奇怪的是,有些人竟公然论证这些属于娱乐层次的文化,是中国美学在新时期发展的必然趋势和方向。这种不知天高地厚的说法,表明中国美学研究的非学术化倾向,已经达到某种极致。

我们看到,当下的中国美学界,犹如劫难之后的废墟,情形确实贫乏、凄凉、沉闷,一幅天灾人祸的悲凉景象。回首一百年来的中国美学研究,我们很难感受到"辉煌的历程"那样的自豪和骄傲。因此,在回顾已经过去了的一个世纪的今天,我们除了向世人展示中国美学界的学者、教授人数及其著作数量这些表面化的东西外,大概还应该认真反思一下中国美学当下的真实状况以及令人担忧的前景,应该追问:一百年来中国美学在学术上究竟建设了什么,究竟做出了哪些原创性的贡献?

归根到底,我们应该回到中国美学发展的立足点,从认真反思中国美学研究的学术性问题开始。

2

自从 19 世纪中叶中国的国门被打开以后,西方的学术、文化如潮水一般涌入中国,转型与改造,就成为中国的传统学术在现实中发展的必然选择。这其中人文学科的建设显得尤为艰难。就像"什么是中国哲学"(What is Chinese philosophy ?)而不是"什么是在中国的西方意义上的哲学"(What is the philosophy of China?)至今仍然是中国哲学界的困惑一样,"什么是中国美学"的问题,至今也矗立在我们艰难探索的途中。应该说,20 世纪中国美学的第一个的问题,就是对于美学这门学科的认识。

现在我们知道,与汉语"美学"相对应的英文"aesthetics"一词,来源于古希腊语,原义是"感性学"。据考察,在中国第一个使用汉字"美学"一词的,是德国来华传教士花之安(Emst Faber)。1878 年,他以中文写作出版了《大德国学校论略》(后重版改名为《泰西学校论略》或《西国学校》)一书,在介绍西方"智学"课程时,曾谈到心理学与美学的有关内容,使用了"美学"一词。这是迄今发现的最早的汉字"美学"一词的出处。这以后,"美学"一词在出版物中又出现数次。1897 年,康有为编《日本书目志》,便使用了"美学"一词。1902 年,王国维翻译日人牧漱五一郎《教育学教科书》和桑木严翼《哲学概论》时,正式从学科的意义上使用"美学"一词。后来学界一直认为是王国维首先从日本把"美学"一词引进中国,可能就是这个原因。现在也有人认为,今日美学学科的名称,可能是最初从中国传入日本,后又从日本传回中国来。①

把"aesthetics"不直译成"感性学"而是意译为"美学",从这个过程中,我们可以体察到最初进入这个领域的学者们的苦心。他们实际上已经明确认识到,中西文化中的一些内在精神,是不能够在文字的表层意义上直接对译出来,而是恰恰相反,只有通过这种充满意蕴的传神译法才能传达和沟通中西文化的内在思想和精神。与此相同的还有英文"metaphysics"翻译为"形上学",而不是直译为"物理学之后"或"元物理学","philosophy"翻译成"哲学"而不是直译为"爱智学"等。从王国维将"美学"这一名称在中国的学术领域中正式确立并传播开来这一事件可以看出,他对于"aesthetics"的精神和思想已经具有内在的理解与把握,我们甚至可以认为,他是真正意义上的中国第一个自觉的美学家。②

王国维之后来者,如宗白华等人,沿着这条对于美学有着内在体悟的道路,艰难探索,并且有着不菲的成就。在西方,美学与艺术学之间的界限非常清楚。宗白华对于西方美学有着深刻的理解和体悟。在他看来,要把握中国美学的本质,既不能把它理解为简单意义上的艺术学,也不能完全从西方的观念来理解中国美学与中国哲学的关系。他的重点是打通中国哲学与中国艺术在根本观念"道"上的一体性,链接中国人的宇宙观与中国艺术理想之间的内在关系,找到真正的中国人的美感形态,由此建立中国的美学理论体系。宗白华在自己的形上学大纲中,实质上就包含着对于中国美学思想的总体构想,甚至可以认为,他的形上学就是一个中

---

① 见《文史知识》2000 年第一期,黄兴涛:《"美学"一词及西方美学在中国的最早传播》。另外,有人认为是日本学者中江肇民首次将其翻译为汉字"美学",后来在 19 世纪末流入中国。

② 我并不否认中国古代具有美学思想家,如孔子、孟子、老子、庄子等,但是,这是属于美学史意义上的美学家。就像西方把鲍姆嘉通作为美学之父,而并不否认柏拉图、亚里士多德等人是美学思想家一样。

国美学的体系。① 在这个基础之上,他对于中国艺术思想的阐发,自然就伸展到中国哲学的根本观念。在具体方法上,宗白华着重把握的是中国哲学与艺术作品这两端,即对于中国形上学,揭示出其中的艺术精神和意蕴,而对于中国艺术具体作品的理解,提高到哲学层面的解释。在宗白华看来,真正成为中国美学问题的,也在于这两者之间。

因此,宗白华对于中国形上学、中国艺术以及中国美学的思考是一个全面、精深的整体。他特别强调,不能仅仅从古代思想家、哲学家的理论中来研究中国美学,而是要以艺术作品本身为立足点,体证艺术中呈现的美学观念和思想与美学家思想的关系。他认为中国美学要总结、发现中国各门艺术中的美的理想,了解中国古人的审美追求和观念,研究中国人的美感及其历史。即使是谈论哲学家、思想家的某些美学观点,也要结合具体的艺术实践活动来进行分析、论证,达到"把哲学、文学著作和工艺、美术品联系起来研究"的综合效果。宗白华基于这种观念和方法,对于中国美学中的一些关键问题,譬如意象与意境、艺术与道等,作了精湛的论述和阐发。

可以说,宗白华对于中国美学思想的思考不仅精深细密,而且内在贯通,涉及古代中国人的审美、信仰、宇宙观、伦理、礼仪、风俗、器具等广阔的领域,形成了一个从艺术到哲学、从思想到作品、从文化到生活的理论整体。宗白华的美学研究,无疑具有一种典范的意义。

但是,这种在严格意义上的中国美学研究与探索,在 20 世纪的下半叶却中断了。实际上,在整个 20 世纪,中国学者中对于"美学与中国美

---

① 参见王锦民:《建立中国形上学的草案——对宗白华〈形上学〉笔记的初步研究》,载《美学的双峰》,第 523—527 页,安徽教育出版社 1999 年。

学"的内在含义有真正认识和体悟者,可说是寥寥无几。甚至一些被称作著名美学家的当代学者,也没有达到对美学这门学科的真正内涵和精神的认识与把握。

3

与这种内在体悟的研究方法相反,在 20 世纪中国美学研究中采用最多、最广泛的方法是一种外在模仿的方法,即是从西方美学的基本概念出发,来论述中国古代的思想,建构某种理论体系。在当下中国汗牛充栋的标明"美学"的文字中,绝大多数则是属于这一类的产品。比如,把中国古代一些哲学家、思想家、艺术家关于美和艺术的论述综合起来,进行归纳、整理,分门别类,然后得出所谓中国古代美学发展的几条线索,并由此总结出一些美学的"规律",等等。这种远离中国古代人们审美经验的理论教条,实际上根本背离了美学的真正精神和本真含义。

一个韩国学者在了解中国美学研究的这种现状之后认为:"在西方 18 世纪,作为一门形式科学而成立的美学的基本概念是'美'和'艺术',西方有他们的历史背景和理论演变过程。而没有经过同样的历史和理论演变过程的亚洲(中国)应该以什么为其美学的基本概念呢? 有的人可能说,中国美学同西方美学一样应该以'美'和'艺术'为基本概念。……可是我们先要问这两个词在中国人的生活和哲学里是怎样被理解的,有什么意义?""如果中国美学作为其基本概念提出美和艺术的话,这只能说明他们把西方在近代开始形成的'美(beauty)'和'艺术(fine art)'之间的关系直接引进到中国。他们把'beauty'和'fine art'翻译成'美'和'艺术'之后,并把它们认为就是中国美学的基本概念,这无异于将为了理解西方美学而设定的翻译词,直接接受为中国美学的基本概念。"他因此提出:"要建立有体系的中国美学,我们首先需要在中国哲学的历史和传统中发掘出中国美学的中心概念。"①

毫无疑问,西方美学的中心概念"美"和"艺术",是在西方思想文化的历史中演化而来的。由于中国思想和文化的历史与西方存在巨大差异,因此不能直接把"美"和"艺术"这两个西方美学的中心概念不加批判地移植进来。所以,中国美学有必要进行彻底重构。这种对于当代中国美学近乎否定性的看法表明,中国美学首先在中心概念上就出了问题,事实也是这样,当代中国美学在总体上有一种误入歧途的倾向。

问题可能首先在于,美学对于中国人意味着什么? 什么是中国人的美学? 在中西思想文化交会已经几个世纪,而且已经被称为是"地球村"时代的今天,中国美学的建设定然不能封闭自己,而是要以一种开放的观念和胸襟来贯通中西,融会古今。然而,这种开放的观念绝对不是一个断裂中国的学术传统,建立一种无根无本的中国美学的理由。因此,只像古人那样,做做传统的诗话、词话、书论、画论、"园冶"、"闲情偶记"之类,当然不能成为现代的中国美学。但是,另一方面,只是移植西方美学的观念来建立中国美学,把"美"作为中国美学的中心概念,显然是不合适的,那样的结果只能把中国美学变成西方美学的中文注释本。

在王国维、宗白华等人的美学著述中,"美"这个概念没有占据中心地位,他们没有集中讨论关于美的理论问题,更没有突出讨论中国古代哲人或艺术家关于美的论述。他们在融会中西文化的基础上,提出诸如

---

① 吴昞南《美学讲义》,第493页,汉城大学美学系出版,1994年。转引自李尚佑先生博士论文:《中国美学的近代转折》,第2—3页。为了文意通畅,此处文字略有改动。

"意境"（或"境界"）等作为中国美学的核心问题，王国维还提出"古雅"的概念，宗白华把中国艺术中的美分为"错彩镂金"与"芙蓉出水"两种，并认为"芙蓉出水"是中国艺术美的最高理想。很显然，这样的美学研究，从观念到方法都不同于西方的美学研究。这是值得我们深思的。

从根本上说，建立现代中国美学的可能性，必须立足于中国自身的学术传统。这种自觉在当今多元文化并存的世界面前，不仅具有一种文化理论和学术观念上的意义，还具有一种强烈的生存观念上的现实意义。任何试图割断自身血脉的学术转换，不仅是一种舍本求末之举，实质上也是不可能成功的。中国美学应具有一种普遍的真正的"美学"品质，也要具有内在的属于中国学术的质的规定性。因此，建立"中国美学"，必须要在中国传统的学术的基础上，进行一种质的转换。但这种转换又必须是内在的。就是说，是一种内在的"转换"，而不是外在的"置换"。

进行这种学术探索的学者，不仅需要对中国传统学术有着精深理解和深切领会，也需要对于西方传统有着内在的体悟与精确的把握。而用这样的眼光来检视一个世纪以来的中国美学界，我们发现，真正具有原创性的著作为数并不多。历史也证明，真正对 20 世纪中国美学作出贡献的人，都是学贯中西的饱学之士。因此，承担这样的探索工作，对于一个学者来说，在知识结构和思想观念上具有极大的挑战性。

实际状况也是如此，我们能够按照西方人的哲学、美学理论（譬如，用"存在"、"实践"的概念），来构造一些中文的美学文本，甚或也叫做"某某学派"，但这能算作中国的美学吗？这种美学与中国人的审美经验有何干？时下国人创造的五花八门的所谓"生命"、"存在"或"后什么"的美学，且不说自身是否能够达到一种"理论存在"的水平，连核心概念都是时髦的舶来品，其中有多少货色是中国的呢？这表明，中国传统学术的观念和方法,至今与中国美学还缺乏一种内在的沟通。这种中国美学光怪陆离的现实,也呈现出美学在现代中国的另一种庸俗、浅薄的走向和命运。我想,这里缺乏的不仅是知识,更是一种精神和理念。

4

从 20 世纪中国美学传播的历史来看,中国美学的这种走向与命运也有其历史的原因。

毫无疑问,在 20 世纪中国产生最大影响的美学家自然是朱光潜。朱光潜曾是中华全国美学学会的第一任会长,这个位置是中国美学界第一号权威的象征。这也象征朱光潜对于 20 世纪中国美学所产生的影响是任何其他人所无法替代的。他用流畅、清丽、生动的文笔,把美学这种西方的学术用一种文学的方式引入中国。他的《给青年的十二封信》与《谈美》等,本身就是优美的文学作品,他本人也是中国作家协会的会员。朱光潜美学的这种独特的表述方式,在中国大众、尤其是在青年中,具有独特的魅力,因而产生了极其有效和极其广泛的影响。中国美学研究人员如此之众,也许与朱光潜美学著作的写作方式不无关系。

可以肯定,朱光潜的这些工作对于 20 世纪中国美学的研究和发展,具有非常重要的作用和意义。在朱光潜之后的几乎每一个中国美学的研究者都是从读朱光潜的书而迈进美学之门的。所以,我们无法把 20 世纪中国美学的研究与朱光潜个人成就区分开来。就这一点而言,朱光潜对于中国美学的贡献也是难以估量的。然而,从 20 世纪后来中国美学的发展,我们也可以看出,朱光潜的这种影响巨大、甚至深入人心的美学活动也暴露了一种负面的作用。

很明显,从学术上说,20 世纪 30 年代朱光潜所进行的美学活动,只是在中国做西方美学的普及工作,《给青年的十二封信》、《谈美》、《文艺心理学》等都是介绍西方的一些美学流派的观点和思想。后期朱光潜的学术重心依然如此,只不过相对深入而已。除了翻译莱辛、歌德、黑格尔、维科等人的著作外,《西方美学史》是他后半生的力作,可能也是他最具学术价值的美学著作。从这些著述可以看出,朱光潜的美学从观念到方法都是西方的。他用"美目盼兮,巧笑倩兮"来说明莱辛的《拉奥孔》中的一个观点"化美为媚",可以说达到了解释的化境,即是用中国艺术注释西方思想的一个最典型的例子。

朱光潜本人对于自己这些工作的意义和价值并非没有意识。他晚年认为自己最有价值、最有原创性的著作是《诗论》,而不是这些关于西方美学的评述性文字。然而,现在看来,《诗论》同样也只是用中国的诗歌作为例证,介绍了西方的一些艺术理论。虽然它在中国诗歌的音律、节奏等方面提出一些新的看法,同时,它对中西诗歌的不同特点进行了一些比较和讨论,在诗歌理论上具有一定的价值,但在总体上,《诗论》没有提出中国美学重大的理论问题。因此《诗论》无论如何不能属于中国美学方面的著作,而只是一般的诗歌理论的著作,而且是一部以介绍西方文艺思想为主要线索的诗歌理论著作。同时,我们还可以进一步说,从《诗论》可以看出,朱光潜对于中国美学的理解与宗白华有着不小的距离,并没有抓住中国美学的本质和精髓。

20 世纪中国美学研究中存在的根本问题是在思维和观念上,质言之,就是用西方的思维和观念来看中国的美学,因而对于中国美学的研究出现雾里看花、隔靴搔痒的结果。20 世纪 50 年代以后,大多数中国学者不仅对于真正意义上的中国美学没有意识,不能自觉和体悟,除了意识形态的因素之外，另一原因，就是这种思维惯性的一种延续。这种思维方式和观念与朱光潜的影响是分不开的。在这种思维惯性中，自然会忽略从王国维到宗白华这一条中国美学研究、探索和前进的路向。而我认为，只有在王国维和宗白华的观念和方法中，可能找到中国美学健康发展的正途，找到在真正学术意义上研究、建立不同于西方美学注释本的中国美学理论的不二法门。

综上所述，20世纪下半叶中国美学研究出现的非学术化倾向，主要是由于真正的学者断层，意识形态的干扰，以及研究观念和方法的失误造成的。这三者之间也互有影响。由此可见，清理中国美学研究的非学术化的因素，仍然是十分艰巨的任务，至少需要一代学人的不懈努力。

三　诗人自杀究竟有什么意义？

——评刘小枫先生的一个观点兼谈海子自杀事件

1

中国政法大学哲学教研室教师查海生，于 1989 年 3 月 26 日下午 5时 30 分左右在山海关附近卧轨自杀。这个事件从事发时起直至今天，在诗歌界、批评界、甚至是学术界一直被议论着。原因在于：查海生就是诗人海子。

海子是个优秀的诗人。一个优秀的诗人自杀当然是很可惜的。作为一个关注中国文化、尤其是关注中国当代诗歌的读书人，我们在海子自杀事件中感到了某种期待突然断裂。这种断裂给我们带来了一种痛楚，甚至是刻骨铭心的痛楚。这种疼痛是实在的，它与我们在阅读诗人作品的美妙文字时的欣喜、暗自心动、狂热的感觉是内在相通的，与我们目击诗人的一切遗留物的伤怀更是息息相关，甚至在诗人吟唱过的太阳、麦地、村庄、河流以及所有世间事物之中，都常常唤起我们这种疼痛。但是，在今天的中国的一些诗歌评论中，我们没有感到这种让人们有切肤之感的疼痛。相反，诗人的死亡方式——自杀，却点燃了一些诗评家的兴奋点，引起他们一种莫名的狂热。海子的自杀不仅被说得与众不同，而且被讴歌、赞美、直至神化。当然，这里面似乎有一个普遍的理由，据说就是：诗人自杀有"形而上"的意义。

限于资料,我们仅从海子去世十周年出版的纪念文集《不死的海子》
(中国文联出版社,1999年)便可收集很多对海子之死的上述观点。例
如,有人说:"十九世纪末叶以降,诗人为形而上的原因自杀已成为西方
思想史中一个恒常的主题。……而诗人的死亡,则象征着某种绝对精神
和终极价值的死亡。这就是诗人之死格外引人关切的原因所在。""海子
在他达到巅峰状态的诗作《太阳》中表明,他正是在这种生存的危机意识
中开始他的人的觉醒的。他发现已经'走到了人类尽头',在这种绝境之
中'一切都不存在'。而生存只不过是'走进上帝的血中去腐烂'。他终
于无法忍受这种腐朽而黑暗的存在,而让自己的个体生命毁灭了。""中
国诗坛的后来者当会记取海子这种前无古人的'特殊功业'!"①

还有人说:"作为新时期第一个自尽的诗人,海子无可逃避地承担了
'为诗而死'的意义,自我放弃的行为却成为'向死而生'的壮举。……只
有海子的死,成为一次诗歌的抗议,一次向死而生的自我重申和决心的实
践。"②

有的文章题目就是《形而上死》,话说得更加玄乎:"诗人之死,似乎
成了必然。我想海子之死,说透了,是企望于刹那间达成与诗性的等
一。""死亡是诗人的宿命,也是诗人的至尊。"③

……

这些话,很少有根据,也很少有逻辑。我们也知道,诗歌的逻辑与日
常语言的逻辑是不大一样的,但诗歌评论毕竟不是诗歌本身。况且,对于
海子的诗,我们还没有像面对这些诗评文字那样丈二和尚摸不着头脑。

---

① 吴晓东,谢凌岚:《诗人之死》,见《不死的海子》第53页。
② 肖鹰:《向死亡存在》,见《不死的海子》第230页。
③ 李超:《形而上死》,见《不死的海子》第60、61页。

就像任何一个杰出人物的自杀一样,除了留给大众以遗憾和怀念外,大概还有一种深深的惋惜甚至善意的责备:那样死,应该么? 一个活生生的诗人的自杀,这个流着鲜血的悲惨事件,在这些不乏激情但几乎谁也听不懂的言说中,成了一种诗歌本身的最神圣的活动。最终,这些像是如歌的赞颂由对诗人自杀的礼拜而制造了一个神话:"海子是圣徒般的诗人,他捐躯的意志具有'不顾'的性质,以致当我们返观他的诗作时,竟产生了一种准神学的意义。"①

于是,海子自杀的具体事件,被一些呓语般的嚷嚷炒作成为一个神圣的话题,而且也从不着边际的言谈走向实际生活中的具体行动。中国当代的有些诗人似乎已经被诱发出了一种死亡的情绪或情结。近些年中国诗人自杀或非正常死亡者有几十起之多。一个诗人甚至在自杀前公开声称:"海子死时 25 岁,我不能活过 25 岁。"

由此看来,死,特别是自杀,在一些人眼中已经成为诗人的诗歌活动的巅峰或"极限冲刺",成为"诗歌烈士"的祭坛,成为诗歌神化的魔术平台。我想,这股风如果再持续吹下去,那真是当代中国诗歌界的灭顶之灾:因为,这不仅在肉体上消灭了一些诗人,更重要的是,让活下来的诗人感到尴尬、痛苦,不知所措。他们在对自己灵魂的拷问中,大约会重提哈姆雷特的问题:"活下去,还是不活?"

2

诗人自杀的所谓形而上意义的说法,在大陆学术界首见于刘小枫先

---

① 陈超:《海子》,见《不死的海子》第 73 页。

生于 20 世纪 80 年代出版的一本流传很广的著作《拯救与逍遥》,其绪论的题目即为"诗人自杀的意义"(这篇绪论曾经单独发表在《深圳大学学报》增刊《青年学者论学集》中)。我们可以看出,很多关于海子自杀的形而上意义的说法,其思想渊源甚至语言都来自于此。

刘小枫先生把诗人自杀的问题当作探讨中西方诗人对待世界不同态度的起点。他说:"一般人的自杀可以说是人向暧昧的世界的无意义性的边界所发起的一次最后的冲击。既然生没有意义,那么主动选择的死就是有意义的,其意义就在于它毕竟维护了某种信念的价值。但是,诗人的自杀却是对这种最后发动的冲击的否定。因为,诗人的自杀逼迫人们想到,人发动冲击所必得拥有的价值信念是否是真实的,不仅如此,它甚至第一次迫使人们考虑:人是否应该拥有某种信念。通常的自杀(当然不是指那些因世俗事务的偶然脱节所引起的自杀)是依据某种信念的,它认为世界不应该是这个样子;诗人的自杀却不依据于任何信念,否则他就不会自杀了。因而,诗人的自杀不再是依据某种信念所发起的最后冲击,而是因对信念的彻底绝望而发出的'求救的呼吁'。""一般的自杀是对暧昧的世界感到绝望,诗人的自杀则起因于对自己的信念,也就是自己对世界所持的态度的绝望。""要是诗人向这个世界强求意义才是悖理的行为,要是诗人为此而自杀,就是不合理的行为。只有当诗人因自己的信念发生断裂时自杀,才是正当的。"正因为如此,刘小枫先生认为:"诗人自杀的事件是 20 世纪最令人震撼的内在事件。"(所有刘小枫先生引文均出自《青年学者论学集》。下同。)

虽然刘文西化的句子有些拗口,但意思还是清楚的,即认为一般人为信念而自杀,诗人的自杀却不依据某种信念,而是由于对信念的绝望。但是,刘小枫先生在提出这种观点以后,我们在通篇文章中却没有找到理由和论证。于是,即使我们相信,一般人的自杀是由于"既然生没有意义,那么主动选择的死就是有意义的,其意义就在于它毕竟维护了某种信念的价值",我们却自始至终不能明白:诗人自杀为何是由于对信念的绝望?而且,为了信念自杀与对信念绝望自杀有什么本质的区别?

当然,刘小枫先生是有解释的。他说:"世界本身的确无意义可言,但世界的虚无恰恰应该是否定的对象。必须使虚无的现世世界充满意义,这正是诗存在的意义,正是诗人存在的使命。诗人存在的价值就在于,他必须主动为世界提供意义。""诗人是何许人也?诗人是懂得世界没有意义的人,他们与常人不同之处首先在于,他们是通过主动赋予世界以意义来向世界索求意义的。"可是,我们同样不明白:凭什么诗人要给予世界以意义?为什么诗人的价值就在于此?诗人是否就是先知甚至救世者?另外,为什么其他人——譬如哲学家、思想家、甚至科学家,就不能给世界提供意义呢?诗人为什么具有这种独特的能力和使命?人间似乎除了诗人,其他人都是思想上的低能儿。如果这样,我们也必须说一句逻辑不通的话:思想家是思想弱智者。

还有,诗人给予世界什么意义呢?刘小枫先生说:"诗人通过诗的象征终于使人在这个可疑的世界之中享受到绝对的价值。在诗化了的世界中,绝对价值时时处处都是内在于人的。但是,诗的这一切成就必得有两个基本的前提,一是我们确实肯定有绝对的价值存在,二是诗人确实对这些绝对价值具有忠诚的信念。……好在这一点是不成问题的。中西方的哲学和宗教思想都提供了种种关于绝对价值的理论规定。"这里的意思是,诗人就是一种哲学或宗教价值观的代言人。这不禁让人们怀疑:诗人的职能、价值和意义难道就是这种代言人吗?这样一来,我们不觉看到刘小枫先生观点的内在矛盾:一种哲学或宗教已经从根本上为世界提供了意义——它自身的价值观念。我们何需又要诗人提供意义和价值呢？

可见所有刘小枫先生的这些说法都难免武断。不过，我们不难看出，他的这些观点并非空穴来风，凭空编造。很明显，刘小枫先生的这些说法受到后期海德格尔思想的影响，或者说就是企图转述海德格尔的后期思想。但问题恰恰在于，刘小枫先生的这种说法，是否准确地表述了海德格尔的思想。

海德格尔后期思想极为丰富，也极为晦涩。海德格尔关于诗和诗人的意义的论述，首先是与他的整个哲学思想相关的。他通过诗和诗人的活动来描述和表达一种哲学的思考。他把诗与真理问题进行内在的沟通，认为只有在真正的诗的言说中，真理才能被昭示出来。由于诗歌具有这种特性和功能，诗人就具有特殊的天职和使命。诗人因此是与这种真理发生直接相关的。海德格尔说过："在一个贫乏的时代里作一诗人意味着，去注视、去吟唱远逝诸神的踪迹。"[1]贫乏的时代，就是基督的显现及其牺牲死亡的时代，它标志着诸神之昼终结的开始。上帝的缺席预示着，不仅诸神消失，而且神性的光芒在世界的历史中也变得黯然失色。由于上帝的缺席，世界缺乏支撑它的基础。世界悬挂在一深渊之上。在这样的时代，人们必须忍受和体验此世界的深渊。对诗人而言，那就是消失的诸神的踪迹。

具体说来，时代的贫乏在于痛苦、死亡和爱情的本性没有显现。海德格尔认为，在贫乏的时代，诗人用歌唱去言说世界性的生存。他的言说言说了世界生存的健全整体。诗人给人（短暂者）带来了消失的诸神的踪迹，在非神性之中歌唱着福祉的整体。并且将没受保护的存在转向敞开。

---

[1] 《诗·语言·思》，Albert Hofstadter 英文编译本，1975 年版，第 94 页。

因而诗歌永不陷入消亡的流逝者。尽管海德格尔的这些表述带有神秘主义的色彩,但我们不难体悟到他的一些基本思想:他把诗的语言看做是揭示世界真理、昭示"此在"即现实的人的生存的最深沉最本真的意义的唯一手段。"语言是存在之家"就是这一思想的最直捷、最明确的表述。

由此可见,海德格尔这里所说的诗人和诗,与刘小枫先生所说的也是我们通常所认为的诗人和诗不能简单地等同,因此,更不能化为一种直接的引用。简单的套用无异于阉割。而且,海德格尔也从未论述过诗人自杀的"意义"。因此,当我们再来审视刘小枫先生关于诗人自杀的言辞和理论,发现显然是既没有依据,又没有逻辑,只有一些与海德格尔思想和语言似像非像、似是而非的话语。我们找不到任何论据能够说明:诗人自杀的与众不同之处是由于信念的断裂。相反,如果确实有为信念断裂而自杀的,也绝不仅仅是诗人! 即使是在海德格尔那里,我们也不能推断出这一结论。可见刘小枫先生所谓诗人自杀的意义的观点,在理论依据和基本逻辑上都是不能成立的。

在现实生活中,真正像刘小枫先生所说的实质上是类似于宗教圣徒或哲学家的诗人,能有多少? 而像这样的诗人自杀又有几个? 自杀中具有殉道意义——或可称为形而上意义的则又有几人? 我认为,历史上即使有极少数的具有殉道意义的自杀诗人,但他们是不能够在整体上构成所谓形而上的意义的。

可是为了说明自己的观点,刘小枫先生在他的文中列举了一个系列的自杀诗人的名单,如:克莱斯特、格因德多罗、特拉克尔、马克·吐温、杰克·伦敦、恩·托斯、斯·茨威格、克劳斯·曼、沃尔夫、普拉斯等。但是,在刘小枫先生长达几万字的绪论和几十万字的著作中,我们没有看到哪怕是一个个案分析,以证明达到他的结论。相反,笔者虽然没有查阅这里所有自杀诗人的资料,但根据有限的阅读经验可以肯定,其中杰克·伦敦、斯·茨威格等人,决不属于刘小枫先生所说的那种"形而上"的死。杰克·伦敦在成名后曾有过豪华、奢侈的享受和挥霍,他的自杀与后来的潦倒有关;斯·茨威格是犹太人,在二战中流亡国外,对生活感到绝望而自杀。其余前苏联的自杀诗人,像叶赛宁、马雅可夫斯基、法捷耶夫等,可以说都是因为政治原因。刘文中也引用过帕斯捷尔纳克的话:马雅可夫斯基与法捷耶夫一样,是带着"内疚的微笑,从种种政治诡计中走了过来。在最后一刹那,在开枪之前,又带着这种微笑,跟自己告别。"(我们可以在蓝英年先生的《被现实撞碎的生命之舟》一书中找到更多的关于前苏联诗人自杀的具体原因,此书书名即点明这些诗人和作家自杀的原因。)因此,刘小枫先生举例所说的这些诗人自杀的原因,很难或至少都不能证明是"形而上"的。

最滑稽的是刘小枫先生所列举的中国自杀诗人,一个是屈原,另一个是王国维。他说:"诗人自杀大都发生在价值观念的信仰危机时代。中西方文学史上第一位自杀的伟大诗人是屈原。屈原的确是中国人的骄傲。之所以值得骄傲主要不在于他的爱国精神,也不在于他的怀疑精神,而是在于他是历史上第一位自杀的大诗人。他的伟大首先在于他敢于自杀。"这真是让人啼笑皆非、哭笑不得!众所周知,从现有历史文献材料来看,屈原的自杀完全是由于失意于楚怀王,眼看着国破家亡却报国无门,于是悲愤投江。所有稍有历史常识的人,都会知道是政治的原因直接导致屈原的自杀。屈原曾经受到楚王的重用,当时虽不说春风得意、踌躇满志,也是出将入相、济国经邦的胸有大志的政治家。那时,无论是从他的诗中还是言语中,我们哪里能找到"形而上"死的一点打算和暗示?至于王国维自杀的原因,学界议论很多,大多数观点认为是愚忠于清廷,一说是对于北伐军的恐惧（因为北伐军在长沙杀了一个顽固的保守派叶德辉），还有人认为是与所欠罗振玉的债务有关。不管怎样，可以肯定地说，王国维投昆明湖自杀，或为政治，或为经济，绝不是为"形而上"！

从社会贤达到英雄烈女，从帝王将相到市井小民，甚至地痞流氓，绝望，大概是所有自杀者走向死亡之途的最后的真正的动力。我们当然可以把一些诗人（不是全部）归入思想家之列，但尽管如此，所有诗人也都是具有七情六欲的人。当然，刘小枫先生也说："诗人自杀表明他个人与自己过去的信念之间的关系彻底断裂了。""诗人的自杀，都事先表现出这种对某种价值和意义的真实的绝望形式。"他也认为诗人自杀最终还是因为绝望。而我在这里与刘小枫先生的不同在于，这种绝望，并非只是关于世界的意义这类问题，而是与现实世界的饮食男女、柴米油盐等世俗生活丝丝相关的绝望。这里我们还是得接受加缪的说法："人们极少（但不能排除）因为反思而自杀。"（《西西弗斯的神化》）因绝望而自杀的诗人与其他人的自杀一样，并非不食人间烟火，他们之间在这里没有根本的区别。

综上所述，我们可以得出这个结论：从理论上说，刘小枫先生所谓的诗人自杀是由于对信念的绝望这一命题无法成立。因此，在整体上不存在所谓诗人自杀的形而上意义。从历史的和现实的生活来看，诗人自杀与其他人自杀没有本质上的不同。无论是理论推论还是经验检验，诗人自杀都不必然具有形而上的意义。

到此，我们看到，一个被说得沸沸扬扬、玄乎其玄的话题，原来是个子虚乌有的假问题！一个关于诗人自杀的说法，人为地绕过一个圆圈后，现在终于又回到了原点。可见，所谓"诗人自杀的事件是 20 世纪最令人震撼的内在事件"的说法，实在是有点儿——故弄玄虚。

3

在关于海子自杀的评论中,我认为海子身边最亲近的朋友作出的解释是最接近事实本身的。

海子的密友、诗人西川在海子死后不久就预测:"诗人海子的死将成为我们这个时代的神话之一。""关于海子的死因,已经有各种各样的传言,但其中大部分将证明是荒唐的。"①1994年,他面对各种关于海子自杀的或危言耸听、或捕风捉影的说法,又发表《死亡后记》一文,认为这些带有个人臆测的评论"很难说里面没有围观的味道"。对于海子的自杀,他同样也感到意外和震惊,没有任何所谓"必然"的预感。在痛定思痛之后,他把海子自杀的原因归结为"自杀情结"、"性格因素"、"生活方式"、"荣誉问题"、"气功问题"、"自杀导火索"、"写作方式与写作理想"等七个因素,应该说是符合实际的。这些看法基本上被《海子评传——扑向太阳之豹》的作者所接受、吸收。

海子生前住处最近的朋友苇岸仔细描述了与海子最后一次相聚的情景,可以说无可争辩地说明海子自杀的具体原因(详情见原文,这里不再转述)。即使是骆一禾,他对海子及其诗歌的评论具有强烈的个人感情色彩,虽然他说过:"海子用生命的痛苦、浑浊的境界取缔了玄学的、形而上的境界作独自挺进,西川说这是'冲击极限'。……这就是1989年3月26日的轰然爆炸的根源。"但是,他毫不犹豫地宣称:"我是坚决反对

_____

① 西川:《怀念》。见《不死的海子》,第21、22页。

他的自杀的"，"我更加痛恨死亡了"，"我反对死亡。"①

与海子身边的这些朋友看法相反，一些对海子生平一无所知或所知甚少的评论家，仅仅从理论界某一极其个人化（现在看来是荒谬的无稽之谈）的观点出发，便营构虚幻的海子自杀的"神圣性"以及"形而上"的意义，应当说，这里面暴露了中国诗歌和诗歌评论界、甚至文化界的一些深刻的问题。

极力渲染海子自杀的所谓形而上意义，至少表现了一种不正常的病态的心理。诗人韩东一针见血地说："正像有人指出的那样：中国当代先锋诗人还没有自杀的呢！海子是第一人。言下之意，海子死得其所、恰到好处、正是时候。……诗至此可以是身体的艺术、行动的艺术。为了和日常生活区别开来，行动主义者一直在寻求超凡脱俗的行动。他们酗酒、打架、玩女人、四处流浪、培养怪癖，以此来证明自己是一个诗人。"②可以说，韩东揭开了诗歌和诗评界的一块疮疤。奇怪的是，一些人的疮疤常常被另一些人说成勋章一样辉煌和耀眼，并以此来掩盖下面的污秽和腐烂。（这种文化先锋的偏激和病态，实质上在顾城杀妻的事件中，可以说达到了登峰造极。一切对超凡脱俗和畸形病态的赞美和雄辩，在这个事件面前都显得十分苍白无力，无法立脚。）

其实，人们也十分明晰这样的道理，不能说诗人没有一些特殊性。但是，诗人具有什么样的特殊性？是否怪异离奇、与众不同就是诗人的特殊性？

诗人首先是人，是个具体的人，诗人不是神，也不是"人诗"。如果说

---

① 苇岸：《海子生涯》、《关于海子的书信两则》，见《不死的海子》第 5、14、17 页。

② 韩东：《海子·行动》，见《不死的海子》第 65 页。

诗人有他的特殊性,首先是他具备写诗的天赋和才能,这确实是非诗人的一般人所不具备的。(没有这种天赋和才能而又附庸风雅,每逢良辰美景即胡诌几行,不管他是何等人物,免不了贻笑大方、让人耻笑。)另外,从个人人格来说,诗人相对比一般人更加敏感,他们无论对外界事物还是内心感受,都比一般人更丰富,容易触景生情,浮想联翩。这就导致诗人的内心比一般人更加脆弱一点。所以,从统计学的角度来说,在知识分子之中,自杀的诗人可能比自杀的哲学家、科学家、工程师要多。但无论如何,自杀不是诗人的专利。相反,自杀的有各色人等,从轰轰烈烈的历史主角到微不足道的芸芸众生,政治家、资本家、投机商、冒险者、军人、学者、教授、科学家、哲学家,其中都有过自杀者,当然也有流氓和黑社会老大。如果说,古今中外的诗人中没有自杀的,这反倒是不正常的。

中国古代的几乎所有的大诗人,都具有良好的公众形象。几乎所有的大诗人都做过官,例如李白、杜甫、王维、苏轼等,而且有的是很大的官,像谢灵运、王安石、欧阳修,包括屈原等。一些大政治家、大军事家如曹操、毛泽东,包括魏文帝曹丕等,也是杰出诗人。除了在戎马倥偬中写出不朽的诗歌以外,他们审时度势,把握时机,运筹帷幄之中,决胜千里之外。而且他们对于天文地理、人情世故,无一不通。他们这些方面的智慧、才能甚至个人的意志也远胜出一般人。西方的大诗人如维吉尔、但丁、歌德等,在世俗生活中都担当重要的社会角色,歌德还是魏玛的枢密顾问官。因此,诗人未必一定要怪异,未必一定要疯疯癫癫、与众不同。

有一种观点认为,真正的大诗人是写作一生的诗人,直至自然死亡。人类文明史上最优秀的诗篇常常是一些大诗人晚年的作品,例如但丁的《神曲》、歌德的《浮士德》以及杜甫的诗。这种说法不无道理,当然,也不能成为一种定律。

　　这里应当还有一种区分,就是诗人有为诗歌艺术献身的精神,与诗人用自杀来实现一种诗歌的意义,是具有质的不同的两个问题。德国诗人里尔克曾提到过一个真正的诗人的写作,是在"夜深最寂静的时刻问问自己:我必须写吗?""感到自己不写也能够生活时,就可以使我们决然不再去尝试。""一件艺术品是好的,只要它是从'必要'里产生的。"①这是一个真正的诗人所具有的为诗歌献身的精神。实际上,一个真正的科学家、哲学家、思想家、艺术家以及一切对人类社会和世界历史具有远大理想和抱负的人物,对于自己的事业都具有一种献身的精神。这是人类一种最崇高的精神。而自杀事件,除极少数具有杀身成仁的殉道意义,一般来说都具有逃避现实的消极因素,不仅与这种精神不同,而且也很难达到这种精神的崇高境界。

　　总而言之,作为诗人海子与作为哲学教员的查海生的自杀,没有本质的区别。就其自杀本身来说,应该是一件普通的非正常死亡事件。这种死亡的方式在海子身上只具有一些个人化的特征。所谓这种死亡的诗的意义以及形而上意义之说,都是外在于事件本身的。

　　但是,从海子自杀及其诗歌在中国诗坛被神化的过程,却反映了中国当下的文化人、甚至中国社会的一种精神病态。当然,比起当下中国无孔不入的制假售假(假商品、假药、假党员、假干部、假军官、假军队、假警察、假教授、假学者、假文凭、假身份证,有人幽默地说,中国为什么不造一个假的 EP - 3 电子侦察机还给美国人? ……)、贪污腐化、文坛的官司、学术腐败、盗版、规模走私,还有诸如著名学府法学教授死于小姐乱棒之下等等这些古今中外空前(但愿绝后)的现实事件,我们对海子自杀事件

---

　　① 　里尔克:《给一个青年诗人的十封信》,第3、5页,冯至译,三联书店,1994年。

的神化就不应该大惊小怪。中国,这块热土上正在发生的怪事,往往让任何一个童话大王或天才都为自己的想象力贫乏而羞愧。一切都司空见惯,阿弥陀佛!

2001 年 7 月 17 日于京西燕东园

2001 年 12 月 6 日修订

(原载《学术界》2003 年第二期,文字略有改动)

附录一　从对传统文本的误读透视顾城事件

大众传媒在对顾城之死事件一阵七嘴八舌的热闹之后又归于沉寂。话好像已经说完了,但似乎又未说完,仍然有意犹未尽之感。《读书》一九九四年五月号上舒芜先生仍在愤愤不平,指责舆论界"没有一句为被杀的妻子表示抗议,表示哀痛"。事实上,在关于顾城事件的众多言论中,热点还是"诗人杀人是否有罪"这样的问题。尽管有人曾经想"在顾城之死中看到个人的、人性的、文化的难以发现的盲点",但是,众说纷纭中似乎大多偏离了这一"盲点"。是否正如有人所说的:中国文化界一直缺乏终极追问的勇气?

诗人自杀被认为是极严肃的哲学问题。诗人杀人后又自杀,则是难题中的难题。我想,解开这个"朦胧诗中最朦胧的一页"的谜底,还必须从文化的密码破译入手。

按照自明的公理,杀人者有罪。所以,一切为诗人杀妻行为辩护的企图,闯不过这一公理之门。问题在于:诗人为什么杀人?世上杀人者大抵不过为了谋财、奸情、冤仇,当然也有政治谋杀和宗教杀戮。倘若诗人是为了这些目的杀妻,他就是个纯粹的刑事罪犯,当然也可以进行道德责难。现在有人试图从顾谢的婚变中找到杀人的缘由。岂不知,顾谢婚变是否属实,尚待确证。而且家庭婚变,已比比皆是,作为一代诗才的顾城,为婚变而杀妻,这种理由实在难以服人。

因此,任何对顾城杀妻行为进行一般法律和伦理意义上的责难,都没有触及事件的要害。换言之,把顾城看作一个道德沦丧的普通杀人犯,除了表达自己的一腔肤浅正义感之外,没有说出这个事件本身的任何本质意义。说到底,顾城杀妻和自杀,本质上是一个文化事件,如同宋代出现的理学杀人的事件一样。只有在文化的层面上进行深刻的反思和批判,才能接近事件本身,才能揭示其内在逻辑,解开玄奥的谜底,而且,我们还能由此获得另一种启迪和意义。

我们把顾城杀妻行为看作是一种具有文化符号意义的野蛮行为,就是说,诗人是在遵照一种文化指令,或者说是按照一种理论或观念的逻辑来杀人。这里的关键之处,就在于诗人头脑中所具有的是一种什么文化观念,用一句套话,是一种什么价值观和世界观。顾城的价值观、世界观乃至内心的道德律,基于他对中国文化的一种独特理解。

根据发表于《墓床》(作家出版社 1993 年)中的《没有目的的"我"——自然哲学纲要》及相关文字,我们可以了解到顾城对于自然、世界、社会以及生命的看法。顾城认为,自然是中国哲学的最高境界,"自"是本体,"然"是哲学态度,是对一切本源、天生的状态和规则的同意和接受。这种一切之初、一切之全的自然,从概念上讲,超过了西方的上帝。其次,与西方概念相比较,自然的最大特征是没有分别。不可思议,不可言说。从人出发才有了"有"和"无"的分别。基于人对自身存在位置的最基本感知,中国哲学家体悟了自然的境界。它不同于人们日常现实的、因果的、逻辑的、思辨的观念,而带有自由变换的性质。他们深知,网能够捕捉鸟,逻辑能够推演概念,但网不能捕捉天空。要达到这种自然的境界,其方法就是不修之修,即无法之法,不知之知。中国的这种修道方法,就是坐忘、面壁、印心、吐纳。到了禅学以后,这些方式自然到了没有区别,"担水砍柴无非妙道",包括"著衣吃饭,屙屎送尿"。

自然之境的表达不是以对方接受为目的,它本身就是一种存在,可表达可不表达。六祖慧能说,得道者道理围绕他转,不得道者,拘着道理转。

在纯哲学的表达和体现上,所有方法都显得无能为力。知识和方法在中国被称为术。每一种方法都含有不自然的目的性,在使用时都是有限的,与自然的无限性相违。这种哲学自然之境,与中国诗境相合。唐宋禅学极盛,也是中国自然诗境最明澈的时期。"行到水穷处,坐看云起时","空山不见人,但闻人语响",艺术上这种"空灵"无我之境,相当于哲学上的无为。

中国哲学的自然意境,就是使人从有限的意念中间解脱出来,成为自然人,又叫真人。一个真人不一定非要跑到山高林密的地方去修行,在世俗生活中亦可得道。得道者已经解脱了人的概念,无身无我,他不会为自身的存在所困惑,也不会为自身的泯灭而惶恐。达到这样无为的人,就可以"无不为"。他可以做一切人间的事情,为官为盗,娶妻生子,事父事君,杀人自杀,随心所欲。这里关键不是做什么,而在乎做的态度。比如孙悟空,他上天入地,大闹天宫。他作恶也行善,杀人也救人,不是因为道德,因为他不属于人世,而纯粹是兴趣使然。孙悟空是中国哲学无不为意识的象征。

从上述顾城对中国哲学的理解和阐发中,可以看出他杀妻行为的最深层意识和理论依据。在顾城的潜意识中,他是以真人自居。他常常以自己属猴而引孙悟空以自喻。他是在遵从一种"自然"的文化指令,随心所欲,杀人自杀。"齐物者齐天冥冥之中忽然发展为无法者无天。"因此,对顾城杀妻行为的谴责,应从根本上对这种文化观念进行批判。

其实,可以明显看出,顾城对于中国哲学的理解是很片面、很浅陋的。他所竭力推崇的只是从老庄到禅宗一支。然而,在老庄和禅宗中,要达到"无为"之境的一个重要前提和手段,就是清心寡欲。老子讲"涤除玄览"、"见素抱朴",庄子讲"无欲""逍遥",至于禅宗,更是"菩提本无树,明镜亦非台",四大皆空。而顾城在崇尚老庄和禅宗的同时,却纵身欲海,与英儿在精神和肉体上,都陷入不可自拔的境地。这是无论如何也达不到庄禅境界的。此外,中国哲学素有儒、道、释三足鼎立之说,到了宋明理学,融儒、道、释三家于一炉,构造出体系完备、思辨精密的大体系,对后世影响极为深远。顾城用老庄禅的自然之说来囊括全部中国哲学,实在是井底之见。

可以说,顾城由于对传统文本的误读(甚或未读?)而造成对传统哲学的无知和偏执,得出一个盲目愚昧的结论,走上自毁的末路。这大概是当下知识分子与中国传统文化悖离的一个极致。每个中国知识分子是否应该由此反躬自身,静省一下文化的根本观念与社会生活行为之间的深刻关系?进而再追问一下作为知识分子的基本职能——对传统文化书面文本进行阐释、传承、创制的深刻意义?

一九九五年四月二十一日于京西燕园

(原载《读书》1995 年第 9 期,题目和个别文字有改动)

附录二　中国美学:众里寻他千百度

如果用时下的话来描述 50 年代和 80 年代的中国美学,称之为"美学帝国主义",则丝毫不为过分。甚至当下所谓的"经济学帝国主义",也没有当时的美学更"帝国主义"。当时连著名学者也曾公然宣称:"美的本质是人的本质最完满的展现,美的哲学是人的哲学最高级的峰巅。"①美学在当时几乎成为一种知识分子的"全民话语",远远超越了自身的学术界限。这还不包括姚文元之流的"照相馆里的美学"之类文字,而是仅就当时所谓的学术研究而言。

从外在的现象来看,美学在当时中国产生了一种近乎宗教性的魔力:大学的美学课堂"站"无虚席,人们狂热争购美学书籍,而且随处可见关于美学的论争。在这个背景下,不仅全国所有综合性大学设有美学教席或教研室,而且一般理工科大学、学院也开设美学课程。从国家到省、市的社会科学院,几乎都有专门的美学研究机构。而中华美学学会会员人数之众,其分支学会之多,即使在各种学会林立、理事多如牛毛的当今中国,也没有任何一个学会堪能与之争雄。每年中国出版、发表的美学新旧著述的数量,大概亦可为世界之冠。中国美学界这种出奇繁荣的景观,可谓世界罕见,一些西方的学者对这种现象大惑不解。就是在一些人大呼小叫美学"衰落"的今天,这种状况也没有发生本质的变化。由此上溯到本世纪初蔡元培先生"以美育代宗教"的巨大影响,以及 30 年代朱光潜

---

① 李泽厚:《康德哲学与建立主体性论纲》,见中国社会科学院哲学所编《论康德黑格尔哲学》,第 14—15 页,上海人民出版社,1981 年。

先生《给青年的十二封信》所产生的极其广泛的社会效应,人们不禁会产生联想:美学在 20 世纪的中国真是灿烂辉煌!

然而,当我们稍稍沉静下来的时候,透过这种表面的现象,就会发现一些极不协调、甚至令人难堪的一面。从学术上说,30 年代朱光潜先生的美学活动,只是在中国做西方美学的普及工作(后期朱先生的学术重心依然如此,只不过相对深入而已);50 年代和 80 年代的"美学大讨论",虽然规模和声势不亚于"大跃进",其学术意义大概仅仅能与 80 年代哲学界的"真理大讨论"相比。因此,今天我们大概还要追问:一百年来中国美学在学术上究竟建设了什么,做出了哪些原创性的贡献?

用这样的眼光来检视一个世纪以来的中国美学界,真正具有原创性的著作为数并不多。

下面所列的几本书,我认为对于现代中国美学应该具有典范的意义。不过,我在此并非全面论述其学术价值和意义,仅就其原创性作一反思。

第一本:《人间词话》

王国维在现代中国哲学、文学、戏剧史、甲骨金文、历史学、敦煌学以及西北地理、蒙元史等领域,都作出了卓著的贡献,可以说是中国现代学术的奠基人。《人间词话》可以看作他的美学代表作,也可以看做是现代中国美学的开山之作。虽然《人间词话》在形式上承袭了中国旧诗话、词话的古老传统,似乎全无理论范式的创新可言,然而,在内容上,却已经产生了根本的变化。对于现代中国美学,《人间词话》的意义在于,它实现了从中国古典诗话走向现代中国美学大转折的第一步,也是决定性的重要一步。具体来说,《人间词话》对于现代中国美学的贡献,是把中国传统学术中的"境界"("意境")概念,转换为现代中国美学的一个重要范畴。

"境界"是《人间词话》的核心命题,甚至有人认为是王国维全部美学思想的核心。《人间词话》的内在结构就是以"境界"这一概念为中心。关于王国维的"境界"论,学界众说纷纭。本文意图只是在于,王国维"境界"说是怎样实现从中国传统学术向现代中国美学的转换。我想从三个方面来说明。

第一,在传统诗话的意义上,《人间词话》的"境界"说,是对前人理论的一个超越。"境界"("意境")作为中国古典诗学和艺术理论的概念,在唐代就已出现,宋明以降使用更为广泛。据叶朗先生统计,仅有清一代,使用这一概念的著名学者就有二十多人①。但王国维的"境界"说不仅是对于前人理论的继承,而更是一个飞跃、创新。叶嘉莹先生的《〈人间词话〉境界说与中国传统诗说之关系》一文,在这一方面所做的研究相当深入。他把王国维的"境界"与严羽的"兴趣"、王士祯的"神韵"进行比较,认为虽然严羽、王士祯"立论的主旨实在乃是想要标举出诗歌中一种重要的质素",但是,"沧浪之所谓'兴趣',似偏重在感受作用本身之感发的活动;阮亭之所谓'神韵',似偏重在由感兴所引起的言外情趣;至于静安之所谓'境界',则似偏重在所引发之感受在作品中具体之呈现。沧浪与阮亭所见者较为空灵;静安先生所见者较为质实。"这种"质实"一方面使王国维的理论不像严羽、王士祯所说的那样虚玄、恍惚,所表明的体认和说明"要明白切实得多";另一方面"可见静安先生对于诗歌中这种感发之生命,较之以前的说诗人,确实乃是有着更为真切深入之体认

---

① 叶朗:《中国美学史大纲》,第 610 页,上海人民出版社 1985 年。

的。"我们从这里可以看出,《人间词话》对于古典诗话理论,也是有一个长足的发展。

当然,仅仅这一点还不能证明《人间词话》是中国现代美学的开山之作,而只是一本好一点的传统诗话。叶嘉莹先生还在《人间词话》中看到一种超越中国传统诗话的新的素质:"静安先生之境界说的出现,则当是自晚清之世,西学渐入之后,对于中国传统所重视的这一种诗歌中之感发作用的又一种新的体认。故其标举之'境界'一辞,虽然仍沿用佛家之语,然而其立论,却已经改变了禅宗妙悟之玄虚的喻说,而对于诗歌中由心与物经感受作用所体现的意境及其表现之效果,都有了更为切实深入的体认,且能用西方之理论概念做为析说之凭藉,这自然是中国诗论的又一次重要的演进。"①叶先生的这一观点,又基本上揭示了《人间词话》的新视野。这正是我们要谈的第二点,即《人间词话》在中西理论的融合中,远远突破了中国古典诗学的内涵和视界,达到了一个到更高、更广阔的学术层次。在《人间词话》中,王国维把康德美学的"无利害关系"思想,以及叔本华的哲学、美学思想,融入他的理论中,提出了诗歌中的"有我"与"无我","隔"与"不隔",理想与写实,主观与客观,优美与壮美等问题。这些问题不仅揭示了中国艺术的根本特征,而且涉及艺术的形象本体、艺术的审美感受特点,以及艺术创造等一般现代美学问题。在这个意义上,《人间词话》就已经是一部真正的美学著作了。

第三,王国维在《人间词话》中,不仅用"境界"来描述和揭示中国艺术的底蕴和精神,还用"境界"来描述和揭示人类生活的不同精神世界,即他所谓"古今之成大事业、大学问者,必经过三种之境界:'昨夜西风凋

---

① 　所引叶嘉莹文字均见《〈人间词话〉及其评论汇编》,书目文献出版社,1983 年。

碧树。独上高楼，望尽天涯路。'此第一境也。'衣带渐宽终不悔，为伊消得人憔悴。'此第二境也。'众里寻他千百度，蓦然回首，那人却在，灯火阑珊处。'此第三境也。"①"境界"在这里又指人生的境界，具有生命哲学的内涵和视野。这是王国维对境界论的又一升华。到此，我们可以说，王国维据国学而熔铸西学，把"境界"这一概念，从古典过渡到现代，由诗歌拓展到人生，经诗学而沟通哲学，从而最后告别传统诗话，提炼为现代中国美学的一个重要范畴。

当然，《人间词话》毕竟是现代中国美学的草创之作，它在理论体系的完整、逻辑和叙述的清晰、准确等很多方面，还没有达到现代学术的规范和要求。尤其是它用"旧瓶装新酒"的模式，更无法超越其理论上的局限性。这表明，与我们下面评论的书相比较，它仍是不够成熟的。

第二本:《美学散步》

宗白华先生在中国美学界享有盛誉，早年就有"南宗北邓"之称。然而，尽管《美学散步》在 1981 年初版时曾为满腔热情的美学青年爱不释手，以至今天仍为畅销书，但 50 年代以后宗白华先生在学界的寂寞并没有因此真正改变。《美学散步》的影响大概还是停留在一般畅销书的意义上，大学生们也只是对其飞扬灵动的文笔赞叹而已。这当然不包括极少数学者从中获取到真正的中国美学和艺术的精义和智慧。

宗白华先生把德国古典哲学的思想和精神与中国古典艺术的诗情画意融汇一体，建构了一种观照艺术、甚至学术的独特方式。德国古典哲学

---

① 见《蕙风词话 人间词话》，第 203 页，人民文学出版社，1982 年。

中精深博大的宇宙本体境相,邃密的逻辑和玄奥的思辨,与中国古典哲学、艺术中的圆融智慧和悠渺意境,以及灵气飞动的生命意趣,交相辉映,形成了宗白华先生精神境界的独特的底色。正是基于此,他的一切学术和艺术活动,都展现出一种极具个性化的特征。即使是对西方艺术,从古希腊罗马、文艺复兴,一直到歌德、毕加索,他的理解都具有非常独到的地方。而最为可贵的是,宗白华先生在此基础上所展开的对中国古典艺术——诗、画、音乐、雕塑、书法、舞、园林、建筑等的独创性研究,提出了较为系统的中国美学思想,从而成就了他在这个领域无与伦比的一代宗师地位。这一点,冯友兰先生在 40 年代就对人说过,中国真正构成美学体系的是宗白华。[①]

《美学散步》是宗白华先生出版的第一部著作,实际是一部论文集。他最重要的美学文字都收录其中。《美学散步》对现代中国美学的突出贡献,我认为是在中西哲学、艺术、文化的大背景下,重新发现了中国传统艺术中的时空意识,由此对中国艺术意境作了精湛绝伦的阐发,揭示了中国艺术不同于西方的独特的意蕴、内涵和精神,把中西艺术的方法论差别,上升到哲学和宇宙观的高度。这些思想和观点,集中在《中国艺术意境之诞生》、《中国诗画中所表现的空间意识》、《中国艺术表现里的虚和实》、《中国书法里的美学思想》、《中西画法所表现的空间意识》等文章中。

宗白华先生认为,中国艺术的一个重要特点,就是小中见大,有中见无,化虚为实。中国画讲究空白;中国书法也讲布白;中国戏剧舞台上也利用空虚,例如"刁窗",不用真窗;中国园林建筑更是注重虚实,所谓"山

---

① 见《宗白华美学思想研究》,第 14 页,辽宁人民出版社,1986 年。

川俯绣户,日月近雕梁"。但是,这种空,不仅在于对客观外界的化虚为实,更在于艺术家和欣赏者心中空寂的诗心,即"静故了群动,空故纳万境"。这种艺术体验的境界,也是中国哲学和宗教的境界:"静穆的观照和飞跃的生命构成艺术的两元,也是构成'禅'的心灵状态","色即是空,空即是色,色不异空,空不异色,这不但是盛唐人的诗境,也是宋元人的画境"。① 而中国艺术"中心的中心"是作品中独辟的意境。所谓意境,就是"艺术家以心灵映射万象,代山川而立言,他所表现的是主观的生命情趣与客观的自然景象交融互渗,成就一个鸢飞鱼跃,活泼玲珑,渊然而深的灵境;这灵境就是构成艺术之所以成为艺术的'意境'。"② 从另一角度说,意境就是诗和画、情和景的圆满结合。诗和画的结合,质言之,就是时间和空间的交汇。画中有诗,是"在画面的空间里引进时间的感觉"。③ 同样,诗中有画,则是在诗歌流动的时间中展示了一个个具有空间感的画面。艺术的空灵,更赖于空间感的创造。艺术意境的这种时间和空间感,归根结底,来自于中国哲学中的"道"。"道"是中国艺术意境中最深邃的涵蕴。

在宗白华先生看来,中国哲学中的老庄重虚,孔孟尚实。但"他们都认为宇宙是虚与实的结合,也就是《易经》上的阴阳结合。"④中国思想的这一特点与中国艺术的根本特征是一致的。《易经》变动不居、周流六虚的宇宙观,渗透在中国艺术的各个方面。因此,作为中国艺术"中心的中心",意境集中体现了中国人的这种宇宙意识:"澄观一心而腾踔万象,是

---

① 宗白华:《美学散步》,第65页,上海人民出版社,1981年。
② 同上书,第60页。
③ 同上书,第10页。
④ 同上书,第33页。

意境创造的始基,鸟鸣珠箔,群花自落,是意境表现的圆成。"①同样,这也是一种对"道"的体验:"中国人对'道'的体验,是'于空寂处见流行,于流行处见空寂',唯道集虚,体用不二,这构成中国人的生命情调和艺术意境的实相。"②这是中国艺术最深的底蕴,也是中西艺术差异的根本所在——它表现了中国人独特的时空意识。

宗白华先生发现,中国人与西方人有着完全不同的时空观念和意识。中国人"用心灵的俯仰的眼睛来看空间万象,我们的诗和画中所表现的空间意识,不是象那代表希腊空间感觉的有轮廓的立体雕像,不是象那埃及空间感的墓中的甬道,也不是那代表近代欧洲精神的伦勃朗的油画中渺茫无际追寻无着的深空,而是'俯仰自得'的节奏化的音乐化了的中国人的宇宙感。"③而西方艺术源于希腊,"希腊人发明了几何学和科学,他们的宇宙观是一方面把握自然现实,他方面重视宇宙形象里的数理和谐性。于是创造整齐匀称、静穆庄严的建筑,生动写实而高贵雅丽的雕像"④。经过中世纪到文艺复兴,西方艺术更是追求与科学的一致。画家钻研透视学和解剖学,力图在画布的二维平面上,造出逼真的三维空间构造。而"中国画的透视法是提神太虚,从世外鸟瞰的立场观照全整的律动的大自然,他的空间立场是在时间中徘徊移动,游目周览,集数层与多方的视点谱成一幅超象灵虚的诗情画境"⑤。这样,中国画就展现出一种与西洋油画完全不同的视觉感受。"中国画的光是动荡着全幅画面的一

---

① 宗白华:《美学散步》,第64页。
② 同上书,第70页。
③ 同上书,第83页。
④ 同上书,第118页。
⑤ 同上书,第111页。

种形而上的、非写实的宇宙灵气的流行,贯彻中边,往复上下。"①所以,虚白就成为中国艺术的一个重要特征。"西洋传统的油画填没画底,不留空白,画面上动荡的光和气氛仍是物理的目睹的实质,而中国画上画家用心所在,正在无笔墨处,无笔墨处却是飘渺天倪,化工的境界"。"这个虚白不是几何学的空间间架,死的空间,所谓顽空,而是创化万物的永恒运行着的道。这'白'是'道'的吉祥之光"。这种流动的精气、神韵,又生动体现在中国"舞"的创化过程中。"'舞'是中国一切艺术境界的典型。中国书法、画法都趋向飞舞。庄严的建筑也有飞檐表现着舞姿。""在这舞中,严谨如建筑的秩序流动而为音乐,浩荡奔驰的生命收敛而为韵律……只有活跃的具体的生命舞姿、音乐的旋动、艺术的形象,才能使静照中的'道'具象化、肉身化。"所以,"'舞',这最高度的韵律、节奏、秩序、理性,同时是最高度的生命、旋动、力、热情,它不仅是一切艺术表现的究竟状态,且是宇宙创化过程的象征……只有'舞',这最紧密的律法和最热烈的旋动,能使这深不可测的玄冥的境界具象化,肉身化"。可以看出,"我们的宇宙是时间率领着空间,因而成就了节奏化、音乐化了的'时空合一体'"②。

最后,宗白华先生归其总:"俯仰往还,远近取去,是中国哲人的观照法,也是诗人的观照法。而这观照法表现在我们的诗中画中,构成我们诗画中空间意识的特质。"(同前)这也是中国艺术意境构成的精要所在。由此可见,中西艺术技法的差异,比如散点透视与焦点透视,甚至水墨和油彩,线条和颜色,实质上是表现了中国和西方不同的宇宙观。

---

① 宗白华:《美学散步》,第71页。
② 同上书,第72、95—96、69、67、94页。

在《美学散步》这些极精微的思想和方法中,我们不难看到:叔本华对现象世界本体的思考,柏格森关于生命和世界的时间意识,以及康德深邃博大的哲学时空观,构成了宗白华意境学说和思维方法的一维;他把这些理论与中国的《易传》、老庄以及禅宗等思想融会贯通,铸成一体,从具体的作品体悟入手,运用精密的思辨方法,破解了中国艺术中的时空之谜,阐发了关于中国艺术意境的精湛、绝妙的思想和理论。《美学散步》所展现的如此高妙境界的学术水平和研究范式,在现代中国美学界,不仅前无古人,至今也无来者,几成绝唱! 可以说,《美学散步》是 20 世纪中国美学的扛鼎之作。也许,它对于中国美学的贡献,我们在 21 世纪才会有更加真切的感受。

第三本:《美的历程》

李泽厚先生是新中国时代迄今为止屈指可数的最有才气的学者之一。他的学术观念和知识结构与主流意识形态具有内在的、有机的统一性。《美的历程》并非是他全部学术的代表作,但是,却是他产生最广泛影响的著作。它给于当时美学青年和中年学者的惊喜和震撼,几乎不亚于"文革"中的一些"最新指示"。即使今天重读这些文采斐然、充满激情的文字,亦能让人激动不已。笔者初读此书时如痴如醉的情景至今历历在目。尽管我们在《美的历程》有些章节中不难经常看到《美学散步》(虽然两本书同是 1981 年出版,但《美学散步》中的文章几乎都是作者早年的论文)的影子,但是,它仍然不失为一本难得的、具有原创意义的中国美学著作。这也表明,历史唯物主义作为一种方法论,并非无用武之地。

李泽厚先生在美学论战中,逐渐形成了自己的完整观点。他以早期马克思的著作《1844 年经济学—哲学手稿》作为理论武库,以马克思主义的实践观为基点,从所谓"自然人化"的理论出发,把克里夫·贝尔的"有意味的形式"与荣格的"集体无意识"学说嫁接过来,提出了"审美积淀说",即人类的社会生产实践活动,在劳动产品和人的主体本身两个方面产生历史效用和结果,形成工艺—社会结构和文化—心理结构。美感就是在这种实践活动中"积淀"在主体和客体双方,在双向进展的"自然人化"中产生了美的形式和审美的形式感。"在对象一方,自然形式(红的色彩)里已经积淀了社会内容;在主体一方,官能感受(对红色的感觉愉快)中已经积淀了观念性的想象、理解。"①《美的历程》就是这一观点的理论内核,在中国艺术史的研究中的展开、外化。以至在《美的历程》的"结语"中,李泽厚先生还再次强调了这个观点:人性是"感性中有理性,个体中有社会,知觉情感中有想象和理解,也可以说,它是积淀了理性的感性,积淀了想象、理解的感情和知觉,也就是积淀了内容的形式,它在审美心理上是某种待发现的数学结构方程,它的对象化的成果是本书第一章讲原始艺术时就提到的'有意味的形式'(significant form)。这也是就是积淀的形式,美的形式。"

因此,从表面上看,《美的历程》是一本关于中国艺术史描述的著作,但与一般的艺术史著不同的是,《美的历程》不是对中国艺术作一种历史编年式的现象描述,而是揭示这些现象背后的审美观念和意识,这就使一些艺术问题本身具有哲学的意味。尤其重要的是,这种历史的研究,不仅从哲学的高度勾勒了中国艺术史发展的一条线索,脉到了中国古代审美意识的内在律动,揭示了中国审美意识的一些本质特征,而且成就了一个

---

① 《李泽厚十年集·美的历程》,第 11 页,安徽叫文艺出版社 1994 年。

哲学命题在历史解释上的相对自足和圆满,因而具有一种哲学的品质和意义。后来有些学者,用同样方法进行中国艺术断代史的研究,在某些方面的成果甚至超过李泽厚先生,但由于在哲学的观点和理论上没有突破,因此都不具有典范的意义。

《美的历程》对于很多艺术史上的问题,做了哲学的解释。这在另一方面,又把对艺术问题的理解上升到哲学的境界,从而本质地展示了这些问题的理论的和历史的深度。比如对原始陶器纹饰艺术的研究,李泽厚先生通过比较一些不同陶器纹饰之间的演进关系,指出陶器上的几何纹饰并非完全出于某种形式美的考虑,而是有一个"由动物形象而符号化演变为抽象几何纹的积淀过程",即"内容积淀为形式,想象、观念积淀为感受"。[①] 这个解释和结论不仅比一般考古学和艺术史的观点更合情理,也更为深刻,揭示了原始艺术发展和原始审美意识的一个根本规律。此外,《美的历程》还从哲学的角度,推翻了一些历史上的陈言旧说。比如,中国历来视汉赋为形式主义的代表,反现实主义的典范,而李泽厚先生则认为:"壮丽山川、巍峨宫殿、辽阔土地、万千生民,都可置于笔下,汉赋正是这样。尽管是那样堆砌、重复、拙笨、呆板,但是江山的宏伟、城市的繁盛、商业的发达、物产的丰饶、宫殿的巍峨、服饰的奢侈、鸟兽的奇异、人物的气派、狩猎的惊险、歌舞的欢快……,在赋中无不刻意描写,着意夸张。……它们所力图展示的,不仍然是这样一个繁荣富强、充满活力、自信和对现实具有浓厚兴趣、关注和爱好的世界图景么?……它表明中华民族进入发达的文明社会后,对世界的直接征服和胜利,这种胜利使文学和艺术也不断要求全面地肯定、歌颂和玩味自己存在的自然环境、山岳江川、宫殿房屋、

---

① 《李泽厚十年集·美的历程》,第 24 页。

百土百物以至各种动物对象。所有这些对象都作为人的生活的直接或间接的对象化存在于艺术中。"因此,"汉代文艺尽管粗重拙笨,却如此之心胸开阔,气派沉雄,其根本道理就在这里。汉代造型艺术应从这个角度去欣赏。汉赋也应从这个角度去理解,才能正确估计它作为一代文学正宗的意义和价值所在"①。这种大气磅礴的评论,根本得力于一种理论上的高屋建瓴。相比之下,一些文学艺术史的观点不仅显得无力,更显得贫弱。

如果说,《美学散步》是对中国艺术的意境问题做了一个焦点式的研究,那么,《美的历程》则是从"面"上,即历史的角度,对中国艺术作了鸟瞰式的巡礼。我们可以说,在重大问题的焦点式探索上,《美的历程》远未达到《美学散步》的水平和境界,但是,就其所研究范围来说,则远远超出前者。它上下数千年,纵横文、史、哲,涉及中国古代艺术领域的诗歌、书画、音乐、舞蹈、戏剧、小说、宫室、家具、园林、石窟,甚至上古石器、彩陶、青铜、甲骨、金文等,几乎无所不包。当然,这种纵横辟阖、大开大合的写作方式是李泽厚先生之所长,也是其所短。它给人们展示了宏大的学术视野和锐利的思想穿透力,而在获得这种巨大思想史效用的同时,又不可避免地造成学术史意义上的粗疏遗漏,有失严谨。于民先生的《春秋前审美观念的发展》(中华书局1984年),就对《美的历程》上古和春秋时代的研究有所纠正。李泽厚先生的这种写作的范式在美学界曾流行一时,至今仍依稀可见。但后学者既无才气,又乏功底,只能流于华而不实一类。

值得一说的还有,《美的历程》还提出了"儒道互补"这一重大中国哲

①《李泽厚十年集·美的历程》,第82—82页。

学的命题,在中国哲学史界产生很大影响,曾引起广泛的讨论。总之,
《美的历程》运用现代哲学的观念和语言,在广阔的社会文化背景下,通
过对中国艺术历史的精彩描述,对中国艺术做了一种现代学术的检视,揭
示了中国古代审美观念的一些精深内涵和内在规律。而这正是中国美学
研究的真正意义之所在。

最后,还应该提到《中国艺术精神》。这是被称为"海外新儒家"的徐
复观先生在大陆最有影响的一部著作。"新儒家"的称谓本身不言自明
即包含有一种与大陆意识形态的差异,这个差异也自然表现在学术研究
的其他方面。所以,他的这部著作具有大陆学术界不具备的一些特点,包
括在语言方面。对于"中国艺术精神"这样一个重大而又复杂的问题,徐
复观先生在其著作中毕竟提出了自己有价值的看法。因此,尽管《中国
艺术精神》存在一些值得商榷之处,但仍不失为一本有功力、有规范的现
代中国美学著作。[①]

以上几本书,仅为笔者一种理念的例证。当然,孤陋寡闻,挂一漏万
是在所难免的。即便如此,在这个新旧世纪相交的时刻,回首一百年来的
中国美学,我丝毫没有理由像当下普遍感受"辉煌的历程"那样自豪和骄
傲,反倒见出一种天灾人祸的悲凉景象。行文至此,不禁想起李白的《忆
秦娥》:

乐游原上清秋节,

[①]　对于《中国艺术精神》的具体评论,详见八:《如何探讨中国艺术精神?——质疑徐复观
对于〈庄子〉"道"的理解》。

咸阳古道音尘绝。

音尘绝，

西风残照，

汉家陵阙。

1999 年 11 月 10 日京西中关园寓所

Nine Critical Remarks

九批判书

乙　教育批判

　　教育应该是一种全民的、整体的教育，不是那种培养少数精英而伤害大多数的教育。任何教育都是把育人放在第一位的。只要我们培养出具有健康人格和良好品行的人，发挥每个人自己的潜能，我们的中小学教育就是极大的成功。而让走出校门的"大多数"成为这个社会冷漠无情、甚至是具有对抗心理的公民，是中小学教育真正的失败。

四　当前中国教育的潜在破坏性分析及其对策

说明:第一,指出当前中国教育潜在的破坏性,不等于当前中国教育没有建设性。不过,肯定和描述它的建设性不是本书的主旨。故暂略。第二,今天不讲数据,只讲思想和逻辑。因为数据统计不能说明一切。第三,教育破坏性的根本标志是教育不出好的学生。今天的教育最大的破坏性,质言之就是缺乏人性化,甚至摧残人性;难以培养出杰出人才,甚至毁灭人才。

1. 我们为什么培养不出诺贝尔奖得主?

中国人有诺贝尔奖得主:杨振宁、李政道、丁肇中、朱棣文、李远哲、钱永健等。获得菲尔兹奖也有中国人:丘成桐、陶哲轩。但是,这些人有一个共同点:他们所受的教育与现在中国内地的所有小学、中学、大学无关。

从概率上说,在内地受过教育的 30 到 40 岁的中国人大约在一亿以上,改革开放以来,中国内地出国留学的人大约 130—140 万。这个数字不知是杨振宁、李政道时代留学生多少倍。从投入上说,大多数中国家庭对于孩子的教育几乎是尽其所能,我们的国家对于教育的投入至少比西南联大要不知多多少倍。这其中为什么没有一个能获得诺贝尔奖?

更令人惊奇的是,五四那一代人,不仅出现了一批文化巨人,还出现了一大批杰出的自然科学家,例如华罗庚、周培源、陈省身、钱学森、李四光、严济慈、苏步青等,他们在各自领域都是全球科学界的翘楚和领军人物。而他们作出代表性成果的也都在三十多岁。改革开放 30 年来,我们培养出几个这样的科学家？

　　这种现象不能不引起我们深思。问题可能不仅仅在北大、清华这样的大学,而是在整个中国教育。

　　我们为什么不能培养出杰出人才？ 一个非常普遍的现象可以回答这个问题:那就是厌学症正像瘟疫一样在小学、中学、大学甚至研究生、博士生中蔓延。

　　科学创造的一个根本动力就是兴趣。兴趣也是一种乐趣。现在的小学生们时刻准备着向重点中学冲刺,中学生向大学冲刺。他们在繁重的课程和作业的重压下喘息,在各种各样的考试前打拼。他们每天的睡眠基本不足,甚至周末还有奥数、英语、艺术、美术等各种补习。作为社会群体,当下中国最辛苦的除了农民、农民工,就数他们。在考场上身经百战的现在中国的中小学生们,当他们进入大学或者熬到博士的时候,他们对于科学还有真正的兴趣吗？ 他们是利用自己的知识来谋生、过好日子,还是一如既往,保持一种旺盛的、纯粹的兴趣在不断地进行艰苦的科学探索和创造呢？ 马克思说过:在科学的入口处就像在地狱的入口处一样。只有那些不畏艰险沿着崎岖小路勇敢攀登的人,才有希望到达光辉的定点。我们不妨做个调查:那些中学的数理化奥林匹克金奖得主现在的职业,有几个与科学研究有关。而我们的前辈至少没有像现在的中小学生们那样,在课程和作业的重负下喘息,在各种补习班下呻吟,在各种竞赛和考试中玩命！ 因此,他们终生保持对于科学的兴趣和探索的热情。这可能就是他们与现在孩子的根本不同。

　　可以说,消磨了孩子们终生追求科学的兴趣,是当下教育的一大弊病。

　　从未来着眼,中国作为一个大国,需要自己完整的科学研究队伍。中国不可能从外国引进最尖端的科技人才。我们必须要自己培养一流的科学人才！

2. 被遗忘的"大多数"

我们的教育从小学、中学到大学，压倒的重心是学习知识。家长和全社会集中关注的也是孩子的分数。即使这种教育在德育和素质教育方面付出了巨大的代价似乎也在所不惜。因为，家长希望孩子以此出人头地，国家需要以此多出人才。然而，现在能够上大学特别是理想的大学的人还是少数，不能上大学的还是大多数。而这个大多数似乎被学校和社会遗忘了。

现在社会和媒体对于中小学生关注的主要是以下几类：一是学习优秀的学生，诸如高考的状元、奥林匹克竞赛的奖牌得主、"哈佛女孩"等等；其次是一些具有特殊禀赋的学生，如写小说的、鼓捣电脑的、有发明创造以及体育和艺术特长的等等。而对于那些普普通通的"大多数"，社会和媒体是沉默的。他们实际上也真正是被社会、包括自己的学校和家庭遗忘了。

升学率是每个中小学追求的目标。中学里的优秀师资主要用在少数可能上大学的学生身上。质言之，我们的中学就是为这些少数人办的。大多数可能上不了大学的学生，学校对于他们的基本态度是得过且过，维持到毕业了事。前提是不能出事、犯法。更为严重的是，这些被认为不能上大学的学生，不仅没有优秀教师的教育和辅导，甚至受到歧视。全国的中学都分为重点和非重点，重点中学也分成各种班。这种划分本身就造成了一种歧视。大多数非重点中学、非重点班的学生就像以前划分的阶级成分一样,他们的身份就是低人一等的标志。他们受到的压力不仅是学习方面的,很多是人格和权利方面的。在社会上他们也是属于被忽略不计的人群,见人自觉矮三分。甚至在自己的家人面前他们也没有自信,不敢抬头。在这样的环境中,他们的心理极容易被扭曲。因此,这些学生极容易自暴自弃。他们的生活和学习就是一个字:熬!中学生中犯罪的,可能主要就是这种学生。有些教师抱怨这些学生难以管理。试想在这种生存状况下,他们如何可能健康向上、积极进取?

举两个极端的例子。据《广东日报》报道,2008 年 2 月 25 日晚 8 时许,雷州市第二中学高二级一名 19 岁的辍学男生陈文真,当晚突然蹿回学校并闯进教室,先后将正在自修的 2 男 1 女 3 名学生和一名高二级巡班老师刺成重伤,尔后在众师生的追赶下,本人自捅一刀后从教学楼 6 楼跳下。造成陈文真本人及两名学生 3 人抢救无效死亡。受伤老师和另一名学生重伤。另一例发生在山西朔州一中。2008 年 10 月 4 日晚自习,7 点 44 分,23 岁的老师郝旭东被 16 岁的高一学生李明连捅几刀,倒在血泊中。这个自称是"倒数第一、差生、坏学生,一块臭肉坏了一锅汤",认为"我的人生毁在了老师手上"的李明,最终选择了"杀老师"这样的极端举动,亲手把自己的人生置于了万劫不复的深渊。据了解,李明于 10 月 1 日在朔州综合商场花 65 元买了 3 把刀,并于 10 月 4 日开学时带入了学校。采访中,记者从李明的同学口中得知,从入学起,李明就说过用刀砍老师的话,而且在 10 月 4 日晚上上自习前和同班要好的同学说,不管当天晚上发生什么,他们都别动。还说,当天哪个老师来了他就捅哪个。大家都以为他是在开玩笑,也没有向老师反映。据知情人介绍,李明中考成绩为 280 余分,其父通过托人找关系,花费数万元,才让他进入朔州二中学习。其后发现李明写在一张活页纸上三百余字的"死亡笔记":"不光是老师,父母也不尊重我,同学也是,他们歧视我……我也不会去尊重他们,我的心灵渐渐扭曲。我采用了这种最极(端)的方法。我不会去后悔,从我这个想法一出,我就知道了我选择了一条不归路,一条通向死亡的道路,我希望我用这种方式可以唤醒人们对学生的态度,认识社会,认识国家,认识到老师的混蛋,让教育业可以改变。"

应该说,一个人的天赋是有限的,而且每个人的天赋是不同的。科学家也许没有经商的本领,哲学家也少有从政的才能。并不是所有的人都能够学好数、理、化以及人文社会科学知识,这就像不是每个人都可以在奥运会上得金牌一样。反过来,天才只是少数人,大多数都是普通人。中小学生中学习成绩的好坏,并非完全能够取决于自己的态度和愿望,尤其是在当前中国高考的恶性竞争下。个人的努力和勤奋可以弥补某些不足,但不能决定一切。因此,有些学生学习成绩不好,不完全是他们自己的过错。但是,我们仅仅为了少数有能力上大学的学生而遗忘了大多数没有能力上大学的学生,让这个"大多数"带着心灵的创伤和扭曲的心理走出校门。

中学阶段正是一个人世界观、人生观形成的时期。这种恶劣的学习环境会给这些大多数学生的世界观、人生观产生什么样的影响?他们将来回忆自己中学时代的生活,是充满自豪,还是不堪回首?设想一下这样的"大多数"将来进入社会,会热爱自己的母校,会热爱这个社会吗?这种负面影响对于个人是影响人的一生,对于社会则影响到道德伦理、社会风气甚至犯罪等多种领域,其危害性是难以估计的。

教育应该是一种全民的、整体的教育,不是那种培养少数精英而伤害大多数的教育。任何教育都是把育人放在第一位的。只要我们培养出具有健康人格和良好品行的人,发挥每个人自己的潜能,我们的中小学教育就是极大的成功。而假如让走出校门的"大多数"成为这个社会冷漠无情、甚至是具有对抗心理的公民,将是中小学教育真正的失败。因此,社会上出现一些极端的例子,我认为根源在此。

3. 现代大学生中一些问题的根源

此外,我们的中、小学在伤害了不能上大学的"大多数"以外,对于能够上大学的"少数"也进行了片面的教育。一个中、小学生,只要学习成绩好,就一切都好,学习成绩差,就一切完蛋。因此,在中、小学里,学习优秀的学生是学校的宠儿和骄傲。学习成绩实质上被当作衡量一个中、小学生全部素质和能力的唯一标准。这种标准也影响到社会和家庭。学习好的孩子,即使有任性、自私、懒惰等缺点也不被在意。学习不好的孩子,即使有节俭、勤劳、乐于助人等很多优点也不能获得社会和家长的赞赏,除非出现舍己救人光荣牺牲这样的事迹才得到社会的肯定。那些上大学的孩子不仅是学校和老师的宠儿,也是社会和家庭的宠儿。他们是伴随着阳光、鲜花和掌声一路进入大学的。

但是,聪明不能代替道德,智商不能代替良知。孩子在成长过程中没有受到很好的品德教育,肯定是一种缺憾。有些孩子在成长的过程中逐渐自己觉悟,在良知和德行方面慢慢健全。有些孩子则因此而碰壁,甚至走上极端。因此,现在的中国大学生,特别是名牌大学的学生,在刚刚进入大学的时候几乎都有不适应的过程,几乎都有失落的感觉。他们具有受宠和被惯孩子的全部心理特征。他们的致命弱点,就是没有经历挫折,难以承受打击。在大学里发生的有些事件,社会上觉得不可思议,实际上不是偶然的。

北大几乎每年都有学生受处分、退学和开除。原因除了生病和考试不及格以外,还有偷盗自行车和他人钱物的(不是贫困生)等等。精神出

71

现问题的学生也不少见。更让人痛心的是,高校自杀的学生有不小的数字,而且这几年正在呈上升趋势。2007 年在 5 月 8 日至 16 日 8 天时间北京有 5 个大学生自杀。2008 年同一时期,北京有 4 个大学生自杀。为什么经过千辛万苦考到大学还不好好学习? 还要自杀?

此外,2008 年 10 月 28 日晚 6 点 30 分,中国政法大学教授程春明正在教室第一排中间对学生进行课前辅导,突然被人在颈部重砍两刀,没有来得及作任何反应,便倒在血泊中。教室里学生惊恐万状,纷纷夺路而逃,杀人者丢下屠刀,从口袋掏出手机,从容报警。几分钟后程春明急送医院,6 点 45 分死亡。杀人者傅成励,1986 年 7 月 2 日生,是该校大四学生。这些事件让人心痛,也让人茫然。①

大学里发生的这些事情,根源都在中小学。

不能说我们的中小学没有德育和素质教育。但是,在高考的指挥棒下,在升学率仍然是衡量中小学教育硬指标的情况下,我们的德育和素质教育怎么可能落到实处? 如何有效? 与分数相比,与人为善、助人为乐等等这些东西能值几何? 分数是硬道理,德育和素质教育只能是花拳绣腿。

4. 教育改革的必由之路:开放私立大学

在校学生从总体上可以分为学习成绩好的和不好的两类。成绩好的也培养不出诺贝尔奖得主,培养不出像样的科学家包括社会科学家,即钱学森说的杰出人才,而且在德育方面存在严重缺陷。学习不好的孩子常被学校漠视、歧视,成为社会的弃儿,甚至成为潜在罪犯。反思一下,教育

---

① 详见六《教育杀人,罪犯买单——追问傅成励血案的深层问题》。

的这些弊病实质上都是由"应试"而来。小学要为升中学服务,中学要为升大学服务。高考是个独木桥,我们必须要过。只要躲不过高考,分数就是硬道理。而废除高考,那样不又是文革了吗?因此,人们似乎找到一种借口甚至安慰:高考不是完美的,但它是不可替代的。由此产生的种种问题,似乎都是"不完美"的必然产物。

整治中国教育的种种弊端,最根本的还是从高考上思考、下手。现阶段高考当然不能废除,上大学当然要考试。但是,要考试未必就一定要玩命,未必要让孩子从上学的第一天起就在头顶悬上达摩克利斯之剑。如何让高考成为一种人生路上顺畅的通道,而不是一道人人提心吊胆的鬼门关,这是我们思考的入口处。

我认为,中国高考残酷竞争的最根本原因,是中国的大学太少了,尤其是名牌大学太少了,即"僧多粥少"。那些试图通过增加高考的次数的办法,实际上就是在"粥"的分配上打主意,实质上是把过一次鬼门关变成多次过鬼门关,最终还是增加中学生压力和负担。要改变"僧多粥少"的状况,既不能用减"僧"办法,也不能在"粥"的分配上打主意,只有用增加"粥"的办法。设想,如果中学生上大学的比例达到75—80%或者更高,上名牌大学的比例达到30—40%或者更高,面对高考学生就不会这样玩命了。

问题在于,中国怎么可能办那么多的大学?政府没有那么多的钱。中国政府对于教育的投入虽然逐年加大,可是按照我们以上设想的大学数量当然远远不够。

然而,中国的民间却具有充足的教育财力。可惜,由于目前的教育现状,这种民间的教育财力却流失到海外,投向其他国家和地区。流出的资金有多少?我没有精确统计,但可以大略估算一下。现在一个在英国、加拿大、澳大利亚等地读大学的孩子,每年的费用约人民币20万。如果每年出去 1 万人,就是 20 亿元。按照大学 4 年毕业计算,每年就有 4 万人在读,我们每年就有 80 亿人民币流出! 再加上还有读中学的,读研究生和博士学位的。现在国外的中国留学人员有 100 多万,简单算算就知道,这种资金流失实际上是个十分巨大的数字!

这个数字在中国高等教育中意味着什么? 中国政府 1998 年以后加大对北大和清华投入的力度,当时每年每校划拨 6 亿元人民币,据说占全国高等教育投入的六分之一。那么当时全国的高等教育国家投入只有 72 亿人民币,还不到 80 亿! 就是说,流入国外的教育经费超过了我们的高教总投资,可以办十几个北大或清华!

因此,开放私立大学,利用民间的资金办教育是一条非常有价值而且可行的思路。实际上,世界各国的教育几乎都有民间捐助,美国、英国的名牌大学例如哈佛、斯坦福、牛津、剑桥等都是私立的。这是全世界尤其是发达国家办教育的共同经验。

有人要问:中国现在不是有民办的小学、中学、大学吗? 为什么不能缓解高考的压力? 简单说,我说的私立大学,或者说世界发达国家的私立大学,与中国内地现在的民办教育具有根本的不同。它们的本质区别在于:真正的教育投入是非盈利的,古今中外没有人通过办教育、办学校赚钱,而中国内地现在绝大多数的民办教育都在盈利、赚钱。这些民办学校实质上就是公司。这样的学校不是按照教育的规律办学,而是按照市场的经济规律办学。它不可能让教育家来管理,而是让企业家来管理。可以看出,现有的中国内地民办中小学(打工子弟学校可能除外),与国家的中小学竞争的是升学率。它们的目的是挤出国家中小学上大学的学生。而现有的中国内地民办大学招收的都是高考落榜的学生,同时在教学条件和师资力量上与公办大学无法相比。因此,它既不可能成气候,也不能培养出真正的杰出人才。因此,真正实现民间资金进入国家教育,唯有改革现有的教育制度。其中最根本的是打破国家垄断教育的体制,在办学、招生的根本制度上做出改革。同时也应该与税收制度改革相配套,建立民间的教育基金会。

引进这个机制对于现有的公办学校也是一个巨大的冲击。现有的中国内地公办学校,还是计划经济体制下的最后一块堡垒。改革它的弊端,也只有通过市场竞争的机制才能实现。就像我们的国家企业改革一样,在引入市场竞争的机制后,一切垄断带来的企业惰性、机构臃肿、低效率等问题都迎刃而解。中国的小学、中学、大学的各种弊端(包括官本位、学术腐败),在真正的私立小学、中学、大学出现时,会得到彻底的改变。因为不这样,它们就不能生存。

当然,拯救我们的孩子,拯救中国教育,还有很多相关的事情要做。譬如,要改变人们狭隘的望子成龙的观念,要树立平等的人格尊严,要宣传普通劳动的价值和意义……

但是在目前,改革中国的教育体制,是最重要、最迫切的。1977 年,邓小平毅然决定恢复高考,当年就进行招生。现在,我们需要同样的勇气和魄力对僵化的中国教育体制开刀!

从未来着眼,中国作为一个大国,需要自己完整的科学研究队伍。中国不可能从外国引进最尖端的科技人才。中国整个社会的道德风尚必须从根本上得到改变。而这一切必须从教育变革入手! 十年树木,百年树人。如果我们的教育还是这样,国家未来怎么办? 十年、二十年、五十年……我们等得起吗?

(2008 年 4 月 9 日在"第三极"的演讲,略有改动)

五　中国人为什么不能获得诺贝尔奖?

——从黄全愈先生的素质教育观念谈起

在美国获得教育学博士的黄全愈先生,近年来大陆出版了《素质教育在美国》、《素质教育在家庭》、《家庭教育在美国》、《玩教育在美国》等一批著作,对于中国的教育问题,特别是中、小学生的学校、家庭教育,作了一个全方位的检视,发表了很多看法,提出了很好的意见。在人人关注中国的教育问题,但是众说纷纭、莫衷一是的情况下,黄全愈博士的观点鲜明、具体,切中要害,尤其是参照美国的教育体制和观念,结合自己孩子在美国上学的直接经验、教训,显得言之有物、有理有据,令人耳目一新。正因为如此,黄博士的著作,以及他近期在大陆各地的演讲,引起人们特别是家长、教师和有关从事教育科学研究人员的极大兴趣和热情,犹如平地上刮起一股飓风,在国内引起了强烈的反响。

我非常赞赏黄全愈博士关于中国教育很多意见和看法,他强调要针对孩子特点进行教育,包括"玩教育";强调让孩子自己管理自己,大人不要过多干涉;强调尊重孩子自己的兴趣和爱好;强调允许孩子提问题、甚至是稀奇古怪的问题;并对家长望子成龙的心理提出批评,等等。这些看法和意见都是很中肯、很有现实意义和价值的。其实,冰心老人晚年给北京大学附属小学的题词是:"专心地学习,痛快地游玩。"表达的也是同样的观念,即尊重孩子的特点,而不是压制孩子的特点,不要使他们失去童趣,培养出一个健康的人格,这样的教育才是成功的。

引起我深入思考的主要是黄全愈博士关于引导孩子的创造性,而不是训练孩子的创造性的观点。因为这个问题确实关系到中国对一流人才以及天才的培养。

中国教育究竟怎么样？中国现在的教育方法和观念是不是有利于一流人才的培养？黄博士对此提出疑问：

> 如果说中国的教育不行，为什么中国的中学生年年能击败众多对手，获得国际奥林匹克竞赛的各种个人奖和集体奖？如果说中国的教育很棒，为什么自从诺贝尔奖设立以来，没有任何一个中国高校能培养出获诺贝尔奖的人才？这是不是发人深省的、中华民族的一大困惑？
>
> 如果说美国教育不如中国，为什么美国的科技发达，中国的科技落后？为什么美国学者赢得的诺贝尔奖最多，而中国无任何人获得过诺贝尔奖？
>
> 我认为，鉴于中国教育的具体状况，我们应该清醒地认识到一点：要判断一个真正的胜利者，只能是在终点，而不是在起点！也就是说，在肯定中国的中学生每年都能击败众多对手而获得国际奥林匹克竞赛的各种个人奖和集体奖的同时，也应该看到这些奖杯或金牌下的阴影。①

在黄博士看来，天才的创造性是不可能"训练"出来的，而是引导、培养出来的。而中国教育的主要问题就在这里。中国传统教育观念对"教"的理解，与美国人对于"教"的理解不同。中国文化中的"教"实际上相当于"训练"，就是"传道、受业、解惑"，是老师向学生主动灌输，学生

---

① 黄全愈：《素质教育在美国》，第 35、38、38 页，广东教育出版社，2001 年。

被动接受。因此,如果按照一个叫米德(George Herbert Mead)的美国教授所划分的人类行为的四个区域,即直觉的、习惯的、确认的、自主的区域,则中国孩子一般过早地进入第3(确认的)区域,而不能进入第4(自主的)区域。

　　许多中国人过早地进入了第3区,但在第4区边缘驻足不前:这就是中国学生屡获国际奥林匹克竞赛奖,但中国尚无成人获诺贝尔奖地中华民族的一个"百慕大三角区"!

　　由于上述种种原因,中国的教育使"自主行为"的第4区——人的创造活动最集中的区域,成为素质教育的盲区,因而也成为一片待开发的处女地。①

简单说,就是中国教育培养的孩子缺乏一种积极、主动的怀疑和思考精神及习惯。

因此,黄博士也反对那种认为中国初等教育比美国好的观点:

　　许多人认为,中国的初等教育是很棒的,那是世界上有目共睹的,现在的问题是高级阶段的研究没有做好,要加强的只是高级阶段的研究工作的创造性问题……

　　我认为这种看法是不正确的。

　　我们说,人的创造力和创造性是"培养"出来的。既然要培养,就要从小开始培养。这种培养,不但要有内在成长的连续性,还要有

---

① 黄全愈:《素质教育在美国》,第65、65页。

外在培养环境的持续性。同时，创造力与人的个性和独立性是分不开的，而个性的发展和独立性的培养又必须始于幼年。

如果我们在初级阶段只搞"应试教育"的智力开发，到高级阶段才培养人的创造力和研究能力，我们将难以培养出自己的诺贝尔奖获得者。[①]

首先，我同意黄博士的说法，创造性是不可能训练出来的，而是引导、培养出来的。我也同意黄博士对于当前中国教育观念、模式和方法的批评。我同样认为，中国的教育观念和方法不做彻底的转变，要想自己培养出一流的科学人才，培养出自己的诺贝尔奖获得者，几乎是不可能的。除非是奇迹发生！

但是，在黄博士看来，只要像美国的学校那样，引进美国老师的方法和观念，中国就可以培养出自己的诺贝尔奖获得者。这则是我所怀疑的。

1

我们还是从诺贝尔奖说起。

从现实的情况来看，获得诺贝尔奖不是没有中国人，而是有，当然也是美籍华人，如杨振宁、李政道、丁肇中、李远哲、朱棣文等。但是，我们要问这些人是否都是在美国受的教育？或者他们接受的都是美国式的教育？

答曰：是，然而又不是。因为，除了朱棣文以外，其他基本上都是从研

---

① 《素质教育在美国》，第 179 页。

究生阶段开始，才在美国上学，而后在美国做研究；但是，他们的初等教育，甚至大学教育，都是在中国完成的。那时的中国教育，按照黄博士的看法，也是把"教"当作"训练"的。就是说，这种初等教育与他们后来接受的美国的高等教育是"脱节"的。而且，在黄博士看来，创造力的培养需要连续性，这种"脱节"的教育是不可能培养出诺贝尔奖获得者的。

因此，如何解释美籍华人获得诺贝尔奖，在黄博士这里就成为一个问题，甚至可以说，就是一个悖论。

相反，我们又发现一个奇怪的现象：在迄今为止的获得诺贝尔奖的5位美籍华人中，有4位是从内地或台湾接受初等教育甚至是大学教育以后去美国的中国人，在美国出生长大的美籍华人获得诺贝尔奖只有朱棣文博士一人，而且还是最近1997年获得的诺贝尔奖。相比之下，后者从初等教育到高等教育接受的是一套完整的美国教育，而前者初等教育甚至高等教育接受的都是中国传统教育，即是一种没有"连续性"的、"脱节"的教育，因此，后者应该比前者具有更大的获奖可能性。按照黄博士说的可能性较大的获奖反而比较少，而没有可能性的却成为获奖的现实，而且还比较多。

当然，我不排除这里的偶然性。但是，在美国的中国人，至少也有一百多年的历史，人口也占一定的比例，从概率的角度来说，这种情况是不正常的。仅仅从智商的角度解释，或者从某些外部的原因，比如经济、政治等等情况来进行解释，大概不会让一个具有正常理性的人满意。

如果我们正视这个现实，那么可以推理，黄全愈博士所设想的用美国式的观念和模式来对中国孩子进行教育，当然也未必不能够培养出我们自己的诺贝尔奖获得者；但是，不用美国式的教育观念和模式，我们也许还会更好地培养出自己的诺贝尔奖获得者！

更进一步说,我们知道,获得诺贝尔奖的科学家,几乎遍布全世界几大洲的国家,主要在发达国家,也有像印度、巴基斯坦等这样不发达的国家。这些国家的教育观念和模式,绝不等同于美国的模式。尤其是像东方的亚洲国家等,在文化上与美国、西方具有很大的差异,在教育上的差异也是很大的。但是,他们的国家照样能够培养出自己的诺贝尔奖获得者。

因此,如果仅仅从美国的教育模式和观念,就得出一个普遍的培养诺贝尔奖获得者的方法,这样的看法未免太简单!

2

关于获得诺贝尔奖的人才培养,我认为这里有一个更为深层次的问题。

据科学史研究者的研究和统计,现代世界上一般建国后 35 周年左右,就会有自己的科学家获得诺贝尔奖。不要说欧洲、美国、日本这些发达国家,包括印度、巴基斯坦等国都是如此。我们也许很困惑,自中华人民共和国在 1949 年成立,至今已经半个多世纪,为什么还没有自己的科学家获得诺贝尔奖? 结束文革动乱也已经 26 年了。一个当时 10 岁的小学生,现在已经 36 岁了,这正是进行科学发现和创造的最佳年龄、黄金时光,很多诺贝尔奖得主都是在这个年龄的时期创造出杰出的成果而获奖的(例如杨振宁获奖时 35 岁,李政道获奖时只有 31 岁)。我们为什么还没有产生自己的得诺贝尔奖的科学家? 这里的问题究竟在何处?

最近还有人分析,中国现在的科学研究的水平,在总体上是比过去提高了,但是,离诺贝尔奖却更远了。杨振宁先生估计,中国内地的科学家有望在 20 年内获得诺贝尔奖。很多人认为,这是他对中国内地科学界和科学家的鼓励。实际上,中国内地科学家获得诺贝尔奖的可能时间还要往后推。中国内地科学家最接近的诺贝尔奖的时候,还是在 20 世纪 70 年代,那时与牛满江等人所作的关于人工合成胰岛素的科学研究,在国际上具有领先的水平,已经引起瑞典的皇家科学院的注意,并派人作调查了解,当时就差一点,诺贝尔奖与大陆的科学家擦肩而过。可见,美籍华人能够获得诺贝尔奖,而大陆的科学家就不能获得诺贝尔奖的说法,也不是绝对的。因为,就科学研究的条件来说,中国虽然比不上美国和欧洲、日本,但也不会比一些发展中的国家差。至于科学家的待遇,则更是无稽之谈,没有一个真正的科学家会由于自己的工资、住房等物质待遇这些具体问题,而放弃自己的科学研究。

这里关键的还是科学家自身的素质问题,是科学家本身有没有进行科学创造的内在条件。我们不会否认科学发现的外在条件,但是,决定的因素是内在的。一个要在科学上达到顶峰的中国科学家,应该具备怎样的素质? 应该接受怎样的教育? 这正是我们要讨论的核心问题,也是中国教育要研究的核心问题之一。

我们不妨再分析一下获得诺贝尔奖的美籍中国科学家的情况。杨振宁 1922 年出生在中国合肥。由于闭塞,杨振宁直到六岁才第一次看见香蕉。杨振宁的父亲是当地中学的数学教师,后来出国去芝加哥大学读书,回国后先在厦门大学、后在清华大学任教。他的父亲很快就发现儿子有数学天才,可是并没有直接教他数学。杨振宁说:"父亲的哲学是'不要着急'。"在谈天时他偶尔会向儿子提出数学难题,但是父亲更认识到教育需要均衡。在杨振宁念完中学初一时,父亲请了一位同事来教他中国古文。经过两个夏天的紧张学习,杨振宁能够背诵《论语》和《孟子》。这种学习和训练,在今天的家长看来,似乎是文不对题,浪费时间。我们今天谁能够找到一个家长,为了孩子将来在科学上的发展前途,让他(她)不去上一些五花八门的奥林匹克数学学校,而花大量时间去背诵《论语》和《孟子》! 然而,这种训练对于杨振宁来说,可谓受益终生。

抗战期间,杨振宁的父亲去昆明西南联合大学任教。杨振宁不久也进了西南联大读书,受教于一些当时中国最杰出的科学家,包括陈省身等人。1945 年杨振宁得到庚子赔款奖学金去了美国。普林斯顿大学接受了杨振宁,可是他要拜才华横溢的意大利物理学家费米(Fermi)为师,因此去了芝加哥大学。后来,杨振宁在被称为氢弹之父的泰勒(Teller)的指导下写了博士论文。1956 年杨振宁和李政道共同发表了一篇文章,推翻了物理学的中心信息之一——宇称守恒(基本粒子和它们的镜象的表现是完全相同的)。因此他们共同获得了 1957 年的诺贝尔奖。

有意思的是,与杨振宁同获诺贝尔奖的中国科学家李政道,1926 年出生,与杨振宁年纪大致相当,都是从西南联大毕业,然后去美国留学深造,最后在科学研究中作出卓越的贡献。因此可以推断,他的启蒙教育也可能受到过传统的中国教育——读"四书五经"。包括在中国内地的华罗庚、苏步青、陈省身、丁文江、竺可桢、茅以升、李四光、严济慈、牛满江、周培源等,他们的启蒙教育都是读"四书五经"。而那一辈人的所达到的科学高峰,至今还令现在的中国科学家们景仰。

我们看最近的一个报道:

据中新社香港七月三十一日电(蔡展翔 卢峰)首名华裔诺贝尔奖得主杨振宁今天呼吁中国青年勇于挑战学术权威,认为这样才能有利中国科学的全面发展。

杨振宁是出席"第三届全球华人物理学大会"回应观众提问时作上述表示的。

杨振宁说,中国传统注重教育及伦理关系,有助青年的全面学习及发展,中国的年轻人不应只顾学习外国新科技而忘掉中国传统。但中国青年一般胆子较小、不敢挑战,应该学习西方勇于挑战权威的风气,才不致于阻碍科学上的成就。

他又说,中国青年应认清自己的发展方向,在不忘传统的同时,不断吸收新的知识,把握任何发展的机会,才能获得美满的成果。

现在我们不得不谈到这个现象:

这些读"四书五经"进行启蒙的中国孩子,后来在科学上都有很高的造诣和成就,成为杰出的科学家,有的后来居然获得了诺贝尔奖!

为什么读"四书五经"的中国孩子能够在科学上能够达到如此高的成就,而后来我们从小就进行数、理、化强化训练的中国孩子,却离诺贝尔奖越来越远?

我们提出这个问题仿佛非常荒谬,似乎背离逻辑。现实的状况也是,在中国,我们已经找不到一位家长,能够像杨振宁的父亲那样,为了孩子将来在科学研究上的前途,居然花大力气让孩子苦读、背诵《论语》、《孟子》这样的"古董"。但是,让我们深入地思考一下,这里面到底有没有一些必然性的东西。我们后来的科学家,在素质上所缺少的东西,与这些"古董"有没有关系。

3

美国物理学家戴森（Dyson）去年在石溪为杨振宁退休所举行的学术讨论会上说："杨振宁对数学的美妙的品味照耀着他所有的工作。它使他的不是那么重要的工作成为精致的艺术品，使他的深奥的推测成为杰作。"这使得他"对于自然神秘的结构比别人看得更深远一些"。其实，杨振宁思维的神秘之处不仅仅在于数学。曾任布洛克海文国立实验室主任的实验物理学家萨奥斯（Samios）说："杨振宁是一位极具数学头脑的人，然而由于早年的学历，他对实验细节非常有兴趣。他喜欢和实验学家们交谈，对于优美的实验极为欣赏。"杨振宁的研究，在思维和方法上有一种非常美妙的东西，而这种东西，是那些西方科学家所不具有的。

杨振宁也说："爱因斯坦《广义相对论》是一个非常优美和深奥的创作"，它不是根据实验结果得出来的。爱因斯坦直觉地想到，物体在宇宙中受到重力的拽拉，可以看做是周围时一空结构的弯曲。他用已有的黎曼几何来描述他的新理论。后来，星球发出的光线接近太阳时因重力而弯曲的实验，证明爱因斯坦是对的。这里最重要的是一种科学发现的能力，其中，想象力无疑具有异常重要的地位。

对于中国科学家来说，如何能够获得这种能力，就会获得科学发现的点石成金的"金手指"，就会达到科学发现和创造的前沿和顶峰。这种能力，往往也是西方科学家所不具备的。

在科学创造的尖端和前沿，一个科学家的状态，与世界奥林匹克体育竞技中的运动员的状态是相似的，或者说，是接近的。在体育运动员的培养过程中，科学的训练是必不可少的。经过一般的训练，我们每个人都能够挖掘我们自身的潜力,提高我们的体育运动水平和能力。训练与不训练的结果是大不一样的。比如说,非洲国家的黑人运动员不能像美国的黑人运动员那样创造出奥林匹克的新记录,主要是训练上的问题。但是,在人人都能够达到自身的可能的水平顶峰之后,超越出所有人的最后高度,那种能力是置根于一个人生命之中的、与本能非常接近的东西。而这些东西是不能够被训练出来的。

因此,我们看到这样一个现象:尽管美国具有先进的技术和手段,多么科学的观念和方法,在白人中无论怎样也培养不了约翰逊、乔丹、刘易斯、乔伊娜、霍利菲尔德、泰森这样的运动员和拳击手;同样,黑人中可以有非常优秀的运动员,但却少有杰出的科学家。而且,每一个杰出的运动员,几乎都经过祖父母、父母亲等几代人的过程。在一些其他领域也是如此,比如像莫扎特这样的音乐天才,是来自音乐世家。中国过去有梨园世家、杂技世家、泥塑世家,甚至打铁、裁缝、中医等,都有家传、祖传之说。

还有一个例子。现在中国智障少年指挥家舟舟(胡一舟)身上表现出来的音乐才能,就是我所说的这种天赋的、本能的东西。舟舟的智商只有30,连一般的数数和加减法都算不清,但是,他却能够出色地指挥交响乐队。据报道,在最近的访问台湾的演出中,一次排练后,他就能够适应台湾交响乐队的排序,准确地点出小提琴、中提琴、大提琴的声部。当长笛的声音要出来时,他自如地高举右手,五个指头准确地随着长笛颤音做出波浪般灵活的颤动,这些动作都是他自己发明的。他不懂乐理,不识乐谱,但是,他懂音乐,他对音乐的理解是最单纯、最本质、也是最本能的。他对于音乐的感受,不是训练出来的,而是天赋的、遗传的。当然,他从小的生活环境,把这种天赋诱发出来了。但是,决不是这种环境"培养"了他的音乐才能。

同样,在科学的领域内,我们经过初等和高等教育以后,基本掌握了关于科学研究的基础知识和能力,在进行科学研究、进行科学发现和创造的最后冲刺过程中,要达到最高的水平,就必须有一些超人的东西表现出来。

那么,中国科学家的超人的东西——素质,是在何处呢?

如果说,一个优秀运动员的产生,是与他的遗传基因相关的话,那么,作为一个民族,杰出的中国科学家的产生,也必须具有来自母体——祖国文化的遗传基因。应该说,得到这种遗传基因中最好的人,就具备了最好的素质,也最有可能成为科学的巨人。中国科学家,无论是作为群体,还是作为个体,在整体上必须具备这样的"遗传基因"。也就是说,从小接受"四书五经"这种传统教育,对于我们中国的科学家来说,不是浪费时光,不是个人爱好,更不是附庸风雅,而是一种必备的基础教育,一种成为科学巨匠的"必修课"!

我们这样说,可以对于上述杰出中国科学家之所以成功的原因,作出一种自圆其说的回答。中国科学家,必须在自己母体文化的深厚土壤中,才能够达到科学创造的巅峰状态。这就是为什么读"四书五经"的中国孩子,后来能够在科学上能够达到如此卓越成就的原因。

还有一篇报道我们摘录如下:

大洋网讯(2002 年)5 月 31 日,"艺术与科学国际作品展"在中国美术馆开幕,诺贝尔奖获得者、物理学家李政道教授创意的作品《物之道》和画坛大师吴冠中教授创意的作品《生之欲》左右对称地摆放在展馆门口,成为本次展览最引人注目的亮点。据《科技日报》报道,两位学者虽相隔万里,但多年以来,多次联袂策划对艺术与科学的研讨;此次,他们各自独立创意的作品,其艺术表现形式竟然像双胞胎一样,出现惊人的一致,激情与对称相互交融。他们的作品轰动了科学界和美术界,引起了媒体的关注。6 月 1 日下午,李政道教授与吴冠中教授,在清华同方大厦多功能厅里,携手接受了众多媒体记者的集体采访。李政道教授在长期艺术研究中发现,艺术,特别是绘画艺术,除了能激发人们的情感,更能表达科学的内容;科学则在追求和表达真理的普遍性的同时,具有深刻的艺术内涵,科学和艺术在一定层面上是相通相联的。李政道说,他研读屈原的名篇《天问》,发现这是大诗人用诗的形式写就的宇宙学论文,屈原在 2500 年前就在诗中巧妙运用了几何学和物理学的对称性原理,提出了地球是圆的,可能是个东西、南北不一样长的扁椭圆球体。通过对历史文化的一系列观察,李政道认为:在人类文化发展的历史长河中,科学与艺术始终是交织在一起的,但是必须搞清楚科学与艺术为什么能结合? 结合的基础是什么? 它们的结合对当代科学、艺术和社会文化发展有什么意义等理论问题。长时期的思考和研究,李政道提出了自己的"艺术与科学"结合的构想:第一,科学与艺术的本源是一致的,两者都来源于人类的社会实践,来源于人类的智慧与创新;第二,科学与艺术追求的目标都是真理的普遍性,艺术是用人类的想像、用人类的创新手法唤起人们意识里的情感,这种情感越真挚,表现的艺术就越优秀、反响就越普遍、就越能够跨越时空。科学是用创造性的思维和劳动对自然界进行研究与探索;第三,科学与艺术是人类不同的文化范畴,是紧密结合在一起的,是一个硬币的两面,科学中有艺术,艺术中有科学,它们的结合和交流符合自身的发展需要,符合人类文化发展的规律。吴冠中的作品《生之欲》,就是把宏观的人类的情感寄托在微观的蛋白基因上,将人的生命和欲望连在一起。它使我们了解,什么是艺术与科学的结合所产生的创意;第四,科学与艺术结合有利于科学、艺术和整个社会文化的繁荣和发展。因为,科学可以因艺术情感的介入更富有创造性,艺术可以因吸取科学智慧而更加绚丽多彩。

从这里我们至少可以看出,李政道先生对于屈原、对于中国古典文学,是有着精深研究的。同时,还可以看出他具有深厚的艺术修养。

实际上,出身于任何民族的杰出科学家,都应该得到他们自己母体文化的深厚的滋养。爱因斯坦对于斯宾诺莎有精熟的了解和研究,海森伯深入研究过希腊自然哲学,康德先是一个著名科学家,后来才是伟大的哲学家。同样,一些发展中国家,例如印度、巴基斯坦等国的科学家能够获得诺贝尔奖,其根源大概也在这里:他们与自己的母体文化之间仍然具有深厚的联系,得到母体文化的滋养和培育,没有与母体文化断裂。

为什么后来我们从小就进行数、理、化强化训练的中国孩子,在整体上却无法攀登科学的顶峰,不能在科学发现和创造上成为巨匠,离诺贝尔奖越来越远? 其中最根本的原因大概在于:这些孩子与我们自己的母体文化之间出现了断裂!

现在在中国城市到处看到的奥林匹克数学、物理、化学学校,以及相应的全国和各省、市、县的奥林匹克竞赛组织,他们不断进行的各种训练班和比赛,让已经为中考、高考压得喘不过气来的广大中、小学生雪上加霜,不堪重负,苦不堪言。因此,我们很难说是他们这种做法,究竟是为中国培养未来的科学巨匠,还是揠苗助长、摧残人才。

4

与科学界萎缩、退化的状况同步,20 世纪 50 年代以后,中国的人文与社会科学界也是如此,甚至文化艺术界也是这样。就整体而言,现在中国的人文和社会科学知识分子,对于"五四"时代的老一辈学者,仍难望其项背。王国维、梁启超、陈寅恪、赵元任,这些当时清华研究院的导师,成了不可企及的大师和学术巨人;胡适、汤用彤、冯友兰、金岳霖、闻一多、顾颉刚、翦伯赞、陈康、洪谦、宗白华、王瑶、王力等等,仍然是各学科中膜拜的偶像。历史让他们成为幸运者,后来者则反成了铺垫和陪衬。

因此,面对中国当前出现的科学、艺术、文化萎缩、无序的危机,我们必须回到文化本身来进行深刻地反思。是否可以说,我们当前的文化萎缩、失序,主要是因为它无根。这种无根的文化是一种无源之水,无本之木。无根是由我们对民族传统文化主要文本的陌生化造成的。就是说,一代新的读书人与传统文化"书面文本"在整体上的隔膜和断裂,是造成我们当前文化萎缩和无序的真正根源。

"五四"新文化运动以降,我们对传统文化采取了一种过激的批判态度。在教育方面,人文学科中,传统文化比重极小。这种教育,加上不断地反传统文化的运动,造成了几代人对传统文化典籍的隔膜。

中国内地的科学家不能获得诺贝尔奖,与中国人文、社会科学界的蜕化,学术、文化、艺术的倒退,甚至中国社会在经济、道德、观念上目前出现的混乱、无序状况,在根本上是一致的。这是一个社会由于文化上的"无根"所滋生的种种表面现象。解决这些问题也必须从"根"源上进行,把我们的文化之根与创造之果链接起来。

因此,在全社会关注孩子们的素质教育的时候,我的观点是,素质教育不仅要推倒"应试教育"的观念和方法,不仅要从中国教育体制上着手进行改革,最根本的,是从观念上认识到:进行我们的传统文化教育,是我们培养一切人才的必备的第一课!

2002 年 6 月 29 日于烟雨中之燕园四院

(原载《学术界》2004 年第二期,有删改)

六 教育杀人,罪犯买单

——追问傅成励血案的深层问题

2008 年 10 月 28 日晚 6 点 30 分,中国政法大学昌平校区端升楼 201 教室,任课老师程春明教授正在第一排中间对学生进行课前辅导,一个学生径直走到他的面前,抽出菜刀,向他的颈部重重砍去。立时鲜血四溅,程春明没有来得及作任何反应,便倒在血泊中。教室里学生惊恐万状,纷纷夺路而逃。杀人者丢下屠刀,从口袋掏出手机从容报警,然后静静地呆在教室里,等待着警察的到来。几分钟后程春明急送医院,6 点 45 分死亡。杀人者傅成励,是该校国际政治专业四年级本科生。

发生在中国法学最高学府的这起血案,不仅是近年来校园凶杀案中最血腥、最令人震惊的一起,还是令人中国法学界、教育界尴尬无比的一起血案。更具有反讽意味的是,从记者在看守所发出报道可知,傅成励至今"认罪但不后悔",而且他十分冷静,非常理性。他的想法十分明确,他的行动完全符合他的思想。这个事件因此便指向一种理性上的悖论,甚至让人感到某种荒谬。

让我们先回顾一下整个事件的过程。由于程春明已经死亡,我们只能按照其他当事人的叙述来展开。

生于 1986 年的傅成励,在 2007 年 4 月认识了本校三年级研究生陈某。当年 8 月,傅成励与大自己三岁的陈某正式确立了男女朋友关系。这是傅成励的初恋。之后俩人去北戴河游玩,某天陈某告诉傅成励她曾经和程春明"发生过关系"。但其他细节,任凭傅成励再问,陈某什么都不说。此后,程春明成为傅成励的一个心结。在他的意识里,陈某是程春明的受害者。2008年年初,傅成励和陈某大吵一架,陈某第一次提出和傅成励分手,但没有说任何理由或借口。这让傅成励觉得可能和陈某告诉他的与程春明那件事情有关。傅成励说:"如果要分手,生活就没有任何意义,我也不想活了,但我自杀前先要把程春明杀了。"2008年7月,傅成励和陈某再次大吵,二人正式分手。分手时,傅成励气愤难当,对陈某说:"你是想把我逼死啊,但是我告诉你,我就是死,我也要先把程春明杀了。"10月28号黄昏,傅成励将事先准备好的一把菜刀、一把水果刀放进口袋。6点30分,他从教室后门进入,血案随即发生。

案件似乎很简单,是一个简单的报复杀人案。但是,这不是一个普通的刑事案件,稍加分析,我们便不难看出案件中存在一种由理性的悖谬指向一些更深层的问题。

1. 被缺席审判的程春明

1965年出生的程春明是中国政法大学教授比较法学的教授。他与傅成励素昧平生,本来没有任何关系,之所以倒在傅成励的刀下,是因为他与傅成励女友陈某"发生了关系"。因此,我们很容易把整个案件想象为一场道德审判:程春明既是被害人,也是一个道德缺失者,他罪有应得。陈某是一个受害者。傅成励则成为一个道德捍卫者和惩罚缺德者的执行者。但是,很显然,这只是傅成励眼中的一个道德世界,甚至在陈某的眼中也未必如此。

程春明与陈某"发生了关系",是整个事件的症结。这个陈述来自陈某,而且是目前关于此事件的唯一陈述。我们至今没有听到程春明本人的任何申述和解释,也没有看到程春明的任何文字或其他材料涉及这个问题,就是说,至今在程春明方面没有任何证据证明他与陈某的关系,所有关于此事件的描述,作为当事人的程春明都不知情。尽管傅成励毫不讳言对程春明的憎恨,但据调查,自始至终,傅成励和程春明并无交往和过节,甚至没有说过一句话。结果,我们就会看到这样一个难以置信的现象:这场道德审判由傅成励主持,陈某申诉,然后傅成励执行,而程春明始终是缺席的。

这是一场真正的缺席审判。

当然,从常理来说,陈某不会无中生有地往自己身上泼脏水,扣屎盆子。但是,这绝不能因此表明这场道德审判的合法性和公正性。

进一步分析,我们还能看出更多的荒谬。按照陈某的申述,她在和傅成励交往前,曾经与程春明曾经保持了一年的关系。离开程春明的原因是"自己不再爱程春明了"。但直至今日,傅成励只知道"女友和程春明之前保持了一年的关系",并不知道陈某所说"那件事情"究竟是"怎么一回事",具体的细节,傅成励只能靠自己去猜,实际上也始终没有证实。如果说,为人师表的程春明存在过失与不道德,大概只有这些。而傅成励认为,他与陈某分手,与程春明有很大的关系,因为程春明在他和陈某之间留下了太多的阴影。即使陈某不提出分手,傅成励还会报复程春明,他甚至想到杀程春明的家人,这样会造成程春明更大的痛苦。后来他觉得这样做太不道德了,毕竟程春明的家人是无辜的。

这里有几点十分清楚:第一,傅成励至今不知道这个"关系"究竟是什么意思,就要杀程春明甚至他的家人来惩罚程春明;第二,即便陈某与傅成励不分手,傅成励也要杀程春明或他的家人,就是说,程春明无论如何都是死定了。当然,更重要的是,这一切都还没有被证实。

我们不禁要问:傅成励为什么不能让程春明自己就此事情作出解释?在通讯手段如此便捷、发达的今天,用很多办法可以实现这个小小的目的：打电话，写信，发电子邮件，发手机信息，约谈，……也许有人会为傅成励辩解，作为学生的傅成励和作为老师的程春明社会地位不对等，讯问这样的事件会遭到程春明的报复。但是，我们更应强调，傅成励要取的是程春明的性命，难道还有比人命关天的事情更大吗？而且，即使程春明要报复，也绝不会超过傅成励为杀人付出的代价。非常理性的傅成励不会不知道这个简单的不等式。

我们还是从法学的意识来发问：在这样一个以道德罪判处缺德嫌疑人极刑的案件中，傅成励为什么不让当事人作任何申述就轻取其性命？将被剥夺生命权的"他人"为什么连申述和辩解的权利和机会都没有？这里涉及的是一些老生常谈的东西：人人平等、天赋人权、生命价值、公正公理，等等，不一而足。经过四年大学教育即将毕业的傅成励，难道连这样一些现代社会的公民常识都没有？令人不可思议的是，傅成励至今"认罪但不后悔"，仍然没有丝毫的忏悔之意。

这是中国最高法学学府本科生造成这起血案给我们留下的沉重疑问。

2.　傅成励的"道理"

傅成励是一名中国最高法学学府的学生。如果我们把上述过程描述为他主持并执行的一场道德审判，他漠视其审判的最基本程序是一个不可饶恕的过失，那么，听听他对于自己杀人行为的申述和辩解，我们会从心灵深处产生震撼，就像海底地震和海啸那样。

据记者报道，案发后，与媒体从外围铺天盖地的报道形成巨大反差，谈论起杀人一事，看守所里的傅成励显得很平稳、很冷静，完全没有杀人后的那种恐惧不安或躁动内疚。他在看守所里也比较配合办案机关的工作。之所以如此,是傅成励有支撑自己的心理道德优势。

傅成励自己交代,杀程春明的原因有两点,一是要报复,二是要"杀一儆百"。报复的动机并非程春明"抢"了他的女朋友,而是程春明在自己和女朋友之间留下了太多的阴影,分手这个事情也和程春明有很大的关系。对于"杀一儆百",他认为程春明和陈某在一起的时候,已经是已婚男人,而且是老师,他这样做不配称为老师,根本不能为人师表。傅成励还进一步解释,以前有学生向学校告发过类似的事情,但学校不管,没有用。老师应当为人师表,老师有这种不轨的行为,而学校又不处理,只能"杀一儆百"来解决问题。言下之意他这样做,是为民除害,还有点舍身取义的精神。这就是至今仍然支撑着傅成励的精神磐石,他仍然认为自己占据着道德的制高点。因此他说:"我认罪,但我一点都不后悔。"

傅成励的这个"道理"也与众不同,有点另类。即使程春明有越轨行为,他与陈某有两性关系并且证实,不能为人师表,在 21 世纪的今天,逐出校园也足以惩罚。这种行为甚至在西方中世纪,也不应遭到杀身之祸。我们知道著名的阿伯拉尔与爱洛依丝的动人故事,在中世纪,作为神父的阿伯拉尔,由于爱上自己的学生爱洛依丝而被阉割,并没有被处死。无论怎么说,程春明没有犯下应死的罪,即使犯下死罪也需要法律来严惩。这些道理傅成励理应清楚,他明知他的杀人行为是犯罪。但是,最根本的问题在于,一个中国政法大学的学生为什么知法犯法?傅成励说了,因为向学校告发没有用,他要"杀一儆百",是因为非用此极端手段,不能震慑大学教师中的败类,不能根除大学校园内这种陋行。说到底,在他的意识深处,是出于对校规校纪、甚至法律的不信任。傅成励道德的制高点就在于此:这是一件法律无助而只能破釜沉舟的正义之举。

这种看法并非傅成励一时冲动,而是根源于他的一种深深的成见。

身在法大，傅成励说，自己对国家的政治和经济很感兴趣，"日常生活中，我最爱看中央一台、中央四台以及央视国际频道的新闻节目。"但对国家的法律不抱有很大的信心。因此，傅成励所学的专业并非法律，而是国际政治。记者如此报道。

在中国最高法学学府学习四年之久，为什么对于法律怀疑、不信任？如果连法律都不信任，还能够信任什么？

还必须说明，傅成励一直是个好学生，不仅在中国政法大学是个好学生，而且始终是个好学生。1986 年 7 月 2 日出生于黑龙江黑河市的傅成励，在1997 年 11 岁时随父母迁移到了天津市东丽区。初中和高中，傅成励均就读于天津的当地学校，中学阶段成绩很好，高考以绝对的高分被中国政法大学录取。傅成励不仅学习勤奋，还十分懂事、有礼，为邻居夸赞不已，他的父母也因此自豪。在中国政法大学，傅成励与同寝室的同学相处非常融洽，乐于助人，而且经常参加学校组织的各种活动。尽管案发后，校方对傅成励的评价是："性格内向，平时表现一般，学习一般，未发现有什么心理疾患或行为异常。"但在法大不少同学印象中，傅成励有着不错的口碑——"爽利、干脆、仗义"。傅成励对自己的评价是："随和、热情、风趣。"傅成励平时也比较理性，能让他感动的事情很少，只有国家层面发生的一些大事，才能让他动情。比如汶川大地震发生后，傅成励曾献过好几次血，他觉得"国家有难，匹夫有责"。

一个健全、正常、聪明的好学生，一个中国最高法学学府的好学生，对于国家的法律却产生怀疑甚至失去信心，不相信正义，这真是对中国法学教育的巨大讽刺！

傅成励对于法学的理想和法律的这种态度和信念，也不能不让全体国人心寒，甚至可怖。难道我们还不应该深思和反省：法律如何才能具有它的权威性？

3. 爱的风度讨论

傅成励血案是由于爱情所致。爱情能够让人疯狂，爱是能够让人付出一切的东西。因此，我们也必须从爱情的角度讨论这一血案。

傅成励的爱情观也很明确。在恋爱问题上，傅成励说，他不会主动去追求别人，爱情是随缘的，不可以强求。感情到了一定程度，自然而然就成了男女朋友。但是，一旦产生了爱情，就要精心守护，神圣对待。尽管大自己三岁，傅成励觉得陈某人很好，他们性格互补，挺合适的，和她在一起很有亲人的感觉。而且，在感情上，傅成励是一个很传统的男生，在和陈某认识前后，傅成励自始至终没有和其发生男女关系，包括二人的北戴河之旅。他认为这种事情应当在结婚后才能有，这与他对于爱情的神圣态度一致。在 2007 年傅成励的生日那天，陈某拿上一包从老家带来的杨梅，坐车从海淀学院路校区到昌平校区为他过生日，傅成励为此感动不已。而在陈某说了程春明的事情之后，傅成励认为，"她本身并没有什么过错，她之所以告诉我，是她觉得没有必要瞒我。所以，当我知道事情后，我觉得我更不能丢下她。"傅成励决心要好好爱这个女孩子，全身心地对她好，而且一定娶她。傅成励曾经带陈某回天津见了自己的父母，目的就是为了向父母表明自己以后要娶这个女孩子。

傅成励用行动证明自己把感情和幸福都押在了陈某身上。后来傅成励失恋，极度痛苦。他认为分手是由于程春明的阴影，而且傅成励说，即使不与陈某分手也要杀程春明，替陈某出口恶气。甚至在看守所中，他没有为杀程春明后悔，唯有的困惑和苦恼也是想着陈某。但是，令人不解的是，傅成励如此深爱陈某，为什么想不到他制造的这起血案会在陈某的人生中产生什么样灾难性后果？倒在血泊中的生命,会给她烙下永不磨灭心灵之痛,直至她的生命终结。事实上,傅成励手起刀落,倒下的是程春明,毁掉的也是陈某的一生。

我们毫不怀疑傅成励对于陈某的爱,甚至刻骨铭心的爱。但是,这样的爱,谁能承受？我们也不禁要问:傅成励会爱吗？

为失恋而发狂、决斗、殉情,这种情况,古已有之,痴情的情种史不绝书。但每个人都明白,我们可以用结束自己生命来逃避这种痛苦,或表明自己对于爱情的绝对崇尚,也可以像普希金那样与情敌决斗,但绝对无权杀戮他人生命。殉情是一种文化,一种凄美的精神文化,例如梁山伯与祝英台。决斗是一种文化,一种骑士精神的文化,例如普希金。这两种文化现象与人类的爱情史难解难分,构成人类精神史的独特部分。然而,为爱情而杀人不是文化,而是一种反文化的野蛮行为。更何况是在没有任何证据、不为当事人知道的情况下一刀致人性命,这种偷袭方式使得这样的行为更加阴暗。

据记者了解,司法机关调查陈某的笔录显示,陈某认为与傅成励分手的原因是"双方性格不和",这就让傅成励的行为更加荒诞和无意义。

讨论进行到现在,我们也十分困惑:父母、邻居、老师、同学都夸的好孩子傅成励,为什么会产生如此阴狠的想法？并坚决付诸行动？义无反顾,至今毫无悔意？他从小学、中学到大学所学到的并对他产生根深蒂固影响的究竟是些什么东西？难道杀人能解决爱的问题吗？难道连如何爱自己所爱的人都不会吗？

爱情虽然是自私的,但也需要有文化,有风度,而绝对不能是野蛮的,反文化的。

4. 程春明再讨论

我们还可以进一步讨论事件中的程春明。程春明构成傅成励心中被仇恨的对象,是因为他是老师,在与陈某交往时已经是有妇之夫。这就涉及当前大学校园里某些不正常的师生男女关系问题。

在中国古代,"师"的牌位与"天、地、君、亲"一起被供奉于庙堂之上。所谓"一日为师,终身为父"是中国古代社会的普遍信条。因此,老师与学生之间决不容许有男女之情、男欢女爱。在当下中国,也不容许老师与在校学生恋爱,以及发生男女关系。但是,由于今日中国社会文化上整体无序,道德滑坡,世风日下,校园也不是净土,不良教师利用手中权力和资源与学生发生不正常男女关系之事时有发生,这是今日中国校园尤其是大学校园内的恶劣现象之一。这些教师中的败类理应逐出校园,赶净撵绝。

然而,我们必须承认,不管是小学、中学、大学,教师也有爱的权力。发生在师生之间也未必没有真正的爱情。鲁迅与许广平,沈从文与张兆和就是真正的师生恋。这种师生恋不合校规校纪,但也不悖逆情理。

我们还要提到阿伯拉尔与爱洛依丝的爱情故事。他们的爱情在当时就得到人们的宽容,死后被合葬在圣灵修道院。他们的爱情也深深感动后人。1877 年,他俩的遗骸被移至巴黎拉雪兹神父公墓合葬,这里埋葬着巴尔扎克、莫里哀、王尔德、普鲁斯特等一代文豪。许多热恋中的情侣,都要到他俩的墓地上献上一捧鲜花。这是多么美丽的景象!

如果程春明肯定与陈某有交往,并且是出于玩弄的目的,他应属于教师中的败类。如果不是如此,还应另当别论。程春明也有爱的权利。有报道说他与陈某交往正是 2001 年,正值他与前妻离婚期间。而按照陈某的叙述,她曾经与程春明保持了一年的关系,后来离开程春明的原因是"自己不再爱程春明了"。这证明程陈二人即使"发生了关系",也不能简单视为不道德的行为,更不能简单认为程春明是个蒙骗女学生的恶棍。

但是,傅成励坚信程春明是个不道德的教师,一个恶棍,一个不杀不足以纠正校园风尚的恶棍。

黑格尔说过:现实的都是合理的。在今日校园中发生的傅成励血案,表明了事件偶然之中的必然性。

5. 多余的话

从上述可以看出,与一般的凶杀案不同,对于傅成励这样一起血案,我们的感受极其复杂。我们既对受害者,即对于逝去的生命感到哀婉和悲伤,对于涉案人员亲属感到同情和哀怜,也很难对杀人者表达简单的愤怒和谴责,而是在震惊之余,感到惋惜和悲叹。

程春明死了,傅成励也将为此付出极其惨重的代价,两个家庭同时陷入灭顶之灾。当然,在13亿人口的中国,这也许算不了什么,地球照样转,太阳照样升起,人们该干嘛还干嘛。

可是,从发达的媒体和资讯中,我们不断听到小学生杀父母与亲人、中学生杀同学与老师的消息。大学里的凶杀案则更加离奇:用哑铃砸死室友然后自杀,用铊来下毒,并两次毒杀同一个同学,还有因打扑克而怒杀同学的,更有情杀的,现在已经公然在课堂上将屠刀挥向老师的颈项……中国校园里的血案似乎络绎不绝。照此下去,中国的教育界还不定能出现什么妖蛾子。在一个具有悠久的尊师重教传统的中国,这样的现实实在令人心痛,并且令人困惑。试问:我们的小学、中学还有大学,除了教学生考试、找工作、挣钱、升官发财这些劳什子,还教了一些什么呢?

傅成励是杀人者,他和其他校园血案制造者的一点小小差异在于,他是一个最清醒、最理性的罪犯,他只是执行了他非常明确的思想。然而,他的思想是从哪里来的? 教育杀人,罪犯买单!

(本文所采用有关材料来自"中国新闻网"2008 年 12 月 23 日
消息,记者汪文涛,来源:"正义网",编辑黄芳。特此致谢。)

2009 年 1 月 21 日晚定稿

又记:今日在网上看到,2009 年 1 月 21 日晚 7 时 6 分,美国弗吉尼亚理工大学研究生生活中心咖啡厅发生凶杀案,死者名为杨馨(音译),22 岁,来自北京,2009 年 1 月 8 日入学,生前为该校商学院研究生。犯罪嫌疑人是朱海洋(音译),25 岁,来自宁波,博士研究生,08 年秋天入学,主修农业及应用经济。记者找到了一篇朱海洋母校对他的专访报道:"朱海洋同学 2003 年 10 月托福考试 663 分(满分 677 分);2004 年 6 月 GRE 考试,数学部分满分 800 分,作文仅扣 1 分,总成绩为 1370 + 5;2004 年 6 月参加全国大学生英语竞赛,力挫群雄,夺得一等奖。"朱海洋的一名同学称他"英语厉害,真的厉害。老师很器重他,因为学习很优秀。此外,心思细腻,生活也是井井有条,很理性,能力强,性格温和。"据说,朱海洋非常喜欢杨馨,想要成为她的男友。而当警察赶到凶杀现场的时候,朱海洋已经把受害人的头割下来了,拎在了手里。

2009 年 2 月 2 日上午

附录一　大学如何才是大学？

——读韩水法《大学与学术》

　　汶川特大地震非常残酷地撕开了中国教育的一个疮疤：大批中小学校舍在地震中瞬间倒塌，无数中小学生因此失去生命。大地震把中国教育的无形内伤，魔术般外化为一片残垣断壁、死伤累累的景象。这种触目惊心的惨景不禁让我们追问：中国教育的内伤究竟有多深、多重？

　　汶川地震的中心地带没有大学，因此，我们无法想象大学校舍倒塌的现象，中国的大学（大陆地区，下同）似乎逃过了一劫。然而，尽管屹立在中国大学校园之内的高楼广厦毫发未损，却仍然掩饰不住它千疮百孔的斑斑内伤。几乎中国的每一所大学，现在正遭到亘古未有的激烈批评和毁灭性抨击。批评者来自社会各阶层，包括校内和校外、专家学者和普通国民。抨击的内容不再仅仅是某些具体事件，不关乎一般的人际关系，也不涉及某个人的利害得失。大学被抨击的要害，是从制度到管理、从行政到学术的根本性质和整体职能：为什么培养不出杰出人才（例如诺贝尔奖获得者）？为什么没有一流的学术研究而学术腐败屡禁不止？为什么连烽火连天中茅屋土墙的西南联大都望尘莫及？

　　抨击之余，这些十分尖锐而又无法回避的问题，也常常令众多有识之士尴尬、困惑，百思不得其解。在这个特殊时候，用一种特殊的心情，我们静静地读一读韩水法先生的《大学与学术》（北京大学出版社 2008 年版），会对当前中国的大学以及整个中国教育有一个清醒的认识。

　　韩水法，一个专治康德哲学和韦伯思想的专家，这个知识背景决定了他的独特视角和思考的深度。中国的大学之所以如此，他的话可谓一针见血、如雷贯耳:那就是当下的中国大学实质上不是现代大学,因为它不具备现代大学的根本性质![①]

中国大学的所有问题实质上都指向一个根本的问题:现代大学是什么? 它在一个国家中的地位、功能是什么? 如果对于这个问题没有清醒的认识,那么,说办大学就是无厘头、瞎起哄或许过分,但大学必然只能办成"四不象"的怪物。中国大学所有问题的根源即在此,因此,韩先生《大学与学术》反复申述的核心问题,就是现代大学的性质及功能。

韩先生认为,西方大学的历史很长,但真正意义上的现代大学滥觞于德国,即洪堡主持建立的柏林大学,第一任校长是著名哲学家费希特。它的根本原则和宗旨是:第一,学术和教学自由,即教师的学术研究和教学不应受到外在的干扰;第二,教学与学术研究相统一,教师要将自己的成果、方法以理论化、系统化的方式传授给学生。[②] 这个原则和宗旨的实际意义是,学术研究没有禁区,学术研究不必遵循外部的意志。

> 国家绝不应指望大学同政府的眼前利益直接联系起来;却应相信大学若能完成它们真正的使命,则不仅能为政府眼前的任务服务而已,还会使大学在学术上不断地提高,从而不断地开创更广阔的事业基地……其成效是远非政府近前布置所能意料的。[③]

开创现代大学的思想家洪堡如是说。

鼠目寸光的短视行为一定会妨碍甚至破坏大学的发展。因为,学术

---

① 见韩水法:《大学与学术》,第 115 页,北京大学出版社,2008 年。
② 同上书,第 15 页。
③ 同上书,第 19 页。

研究的每一项成就都是艰难探索的结果。每一个思想家、科学家都有不同的思路和方法，没有可以重复的科学创造的捷径。如果没有思想和学术的自由，任何发明创造是不可能的。因此，现代大学必须是一个自治的教学与学术的共同体。基于这个理念，从1810年起，德国开始进行大学改革。虽然德国大学的历史比欧洲其他国家晚200多年，然而，改革使德国大学迅速超过英法等老牌资本主义国家的大学，一时间大师辈出，人才济济。近代德国在思想和科学领域所创造的辉煌成就举世瞩目，以物理学为代表的自然科学遥遥领先于其他国家，出现了爱因斯坦、玻尔、海森堡等划时代的巨人，黑格尔、马克思在人文和社会科学领域建立的宏大体系为世界所景仰。虽然在两次世界大战（尤其是二战）中，德国的科学和学术遭受重创，元气大伤，但不久便重整旗鼓，全面振兴，今天仍然以不可遏制之势蓬勃发展。

政府办大学，就要让大学自由发展，那样大学就会创造出远远大于政府直接干预的成果来——这是德国大学给世界树立的典范。德国的现代大学的理念迅速被欧美乃至全世界普遍接受、效仿。世界各国尤其是发达国家，正在这个根本原则之上建立了现代大学。这些雨后春笋般出现的现代大学，给整个知识界带来了革命性的变化。19世纪以来，那些诺贝尔奖获得者，那些奠定了19世纪末和20世纪的科学观念的人，都是现代大学培育的人才。人文和社会科学领域的重要人物，情况更是如此。现代科学和学术的进展，又奠定了现代文明的基本形态。当前世界上无论是政治、经济、军事，还是教育、文化、艺术，都直接或间接受到大学的影响。我们很难想象，如果没有现代大学，今天活跃在全球各个领域的总统、商人、学者、科学家、艺术家以及普通劳动者会是怎么样？人类的教育、文化、艺术会是什么状况，世界的社会制度、经济制度会是怎样？

中国现代大学的建立始于北京大学，而真正把北京大学办成现代大学的正是从德国留学回来的蔡元培。在一代先贤的努力奋斗下，20 世纪上半叶中国初步建立了一批现代大学，为中华民族培养了一大批杰出的人才。即使是在日寇入侵、山河破碎、民族危亡的时刻，只有几幢土墙茅顶的西南联大，也培养出杨振宁、李政道这样的诺贝尔奖获得者。至于人文社会科学方面培养的人才，也是大师辈出，群星灿烂，金岳霖、洪谦、冯友兰、张岱年、宗白华、朱光潜、朱自清、闻一多……不胜枚举。可以说，当时中国赶上了建立现代大学的世界班车，并已经初见成效，收获甚丰。

可是，在 21 世纪的今天，中国大学却背离了现代大学的根本宗旨。"在今天的中国，没有一所大学有自己的章程或宪章。"①因此，它只是形式意义上的、而不可能是真正的独立的教育团体，它不可能拥有自己的原则、宗旨、标准和追求。② 质言之，中国大学只是教育部下属的一个行政单位，副部级的或厅级的。一个大学校长也就是教育部的一个副部长或厅长。"中国所有正规大学就被整合在这样一个官僚层级的体系之中，从最高教育行政机关到大学基本教学与学术单位，一元化的行政权力通天贯地，天下英雄，莫不在其彀中……这个体系所代表的是一种强大的力量，任何个人，不用说教授，即便是大学校长，想要孤身一人与它对抗，几乎是不可能的。"③因此，当人们普遍要求中国的大学校长们履行职责，整治大学，并期待出现第二个蔡元培给中国大学带来新的转机之时，韩先生冷静地告诉人们：世上已无蔡元培！

---

① 《大学与学术》，第 115 页。
② 可参看黄德宽：《对政府与大学法律关系定位的思考》，载《大学之道：求索与实践》，安徽大学出版社 2007 年。
③ 韩水法：《大学与学术》，第 118 页。

大学的核心价值就是学术创造,即思想和科学创新。背离了这个根本的原则,大学就偏离了正道,走向了混乱甚至荒诞。当下的很多中国大学,基本上是把学术作为手段,把以此来获取其他东西作为目的:建大楼、要经费、获奖、升官、评职称、赚钱……在这样的机制下,不仅像剽窃、抄袭、造假等学术腐败不可避免,更为可怕的是"灰色学术"大行其道。例如:批量生产的论文、著作、"精品工程""造大船"、学院升级、大学合并、项目、基金、评估、请名人装点门面,等等,不一而足。教授们在这些形形色色的评估、项目、报奖、检查等琐事中摸爬滚打,大量的人力、物力、财力消耗到这些五花八门的事务中。人们成天奔波忙碌的这些事,实质上并非学术行为而都是行政行为,产出的是政绩而非学术(科学)。尤其让人痛心的是,本来一些优秀的学者在这种强势的"灰色学术"面前,也不得不放弃自己的原则而参与其中,成为它的牺牲品。这种恶性循环导致中国大学的水平迅速下滑,更严重的是:

> 这种更低的水平就需要某种更加不合理的制度或制度之中某些不合理的因素来维持……这个制度不仅要再生产自身,还要再生产维护这个制度的人。[①]

因此,中国大学这些俯拾皆是的问题,不仅无法制止,而且每天照样重复。报纸、杂志以及其他媒体对于大学提出批评、抨击的,可谓连篇累牍、车载斗量。而中国的大学却依然我行我素,岿然不动。人们对此茫然、无奈,慢慢麻木。为什么这种千夫所指的丛丛弊端无人撼动、难以革

---

① 《大学与学术》,第47页。

除？韩先生也点出了它的"死穴"：

> 对于那些特殊的利益集团来说，如果能够在不损害他们利益的前提下，达到世界一流大学的水平，那么世界一流大学就是一个好东西；但是，如果为了达到世界一流而要进行的制度改革会危及或损害到他们的特殊利益，那么他们自然就会将自己的特殊利益作为第一选择，而将世界一流大学的目标、中华民族的伟大复兴和人类文明的前景放在次要位置！①

这个"他们"有多大力量？我们心知肚明。对此我们感到有点清醒，虽然仍然无奈，却是清醒的无奈。因此，中国大学的改革首先面临的是一个巨大的利益集团。而要战胜这个利益集团，就必须在现行的制度上进行根本的变革。简单说，就是让大学从一个衙门，变成一个真正的学术共同体。

不过，明眼人必须看到，面对日新月异的社会发展和国际竞争，大学改革势在必行。早改早得益，晚改要付出代价。因为，对现代社会和现代国家来说，大学的至关重要性无论怎么评价也不为过："一个民族的精神高度完全取决于大学；大学的学术研究水平、思想自由的程度有多高，你的民族精神的高度就有多高。套用现在比较流行的话，你的'软实力'基本上取决于你的大学的水平，不可能靠别的方面，别的方面不能奠定一个民族的精神层面的力量。没有精神层面的力量，物质层面的力量也是无法强大起来的。所谓精神层面，就是指思想、知识和技术等的综合。我们

---

① 《大学与学术》，第9页。

的大学制度不改革,领先的水平永远也达不到。领导人再怎么重视,再怎么拨钱,也是没有用的——这不仅仅是钱的问题。"①我们的大学如果按照现在的状况任其发展,那么,中国无论经济发展如何,军事发展如何,人民生活水平如何,它仍然是脆弱的、不能持续的,是泥沙堆起来的巨人。何况我们也不可能引进最尖端的科技人才。

除了提出大学的核心价值之外,《大学与学术》还论及大学的其他制度,例如教授终身制、研究生课程设置和淘汰制、大学校园文化等等,读者自然也会发现一种入木三分的见解。

然而,在读完全书之后,我仍然思考的问题是:如何才能推动真正的中国大学改革?这种涉及大学体制改革的"大手术"需要一个怎样的可操作机制?

其实,作者已经指出了一个中国大学改革的必由之路,即自由竞争:"自由意味着大学之间需要公平和公开的竞争,因此也就有更多全面的彼此监督。既然一流不是靠行政决定的,那么公开的学术批评就会大起作用。美国的大学制度是最自由的,大学之间的竞争在世界上也是最激烈的,所以它们现在也是最厉害的,钱也最多。与此同时,美国大学对教授学术操守的要求也在最高的一档。"②而问题还在于,如何实现真正的自由竞争?

我的思考是:开放私立大学!

这个思路与我国的经济体制改革是一体的。让民间建立真正的大学,由此展开大学之间真正的自由竞争,这样大学必须凭藉自身的优势才

---

① 《大学与学术》,第161页。
② 同上书,第167页。

能生存,它自然就会按照大学本身的规律办学。只有引进这个机制,才能对现有的国家大学产生巨大的冲击。要改变巨额教育资金外流这种令人痛心的现状,真正实现民间资金进入国家教育,唯有改革现有的教育制度,改变国家垄断教育的体制,在办学、招生的根本制度上做出改革,同时也应该与税收制度改革相配套,建立民间的教育基金会。这是一个有利于中华民族全面复兴和崛起的根本大业!是一个功在千秋万代的伟业!

　　行文至此,不禁心潮难平。笔者与《大学与学术》作者的心结一样,那就是:中国教育必须要更深地检讨,必须尽早地进行根本的改革!中国教育,这座满目疮痍的大楼,已经存在很多致命的隐患,难道非要等到地震这样的灾难来毁灭它吗?

2008 年 6 月 12 日夜初稿,时值汶川特大地震

一月祭,2009 年 1 月 14 日夜定稿于京西葯园

附录二　北大的改革也需要大手笔

　　我没有出国留学,虽然作过短期访问学者去过美国一年,但对于美国和欧洲大学的体制所知甚少,不敢妄论。但我在北大读书3年,工作14年,这些经历,至少对于北大稍有了解,也有一些体验。

　　任何国家的教育体制,都有他们自己的国情和文化传统依据,简单照搬外国大学的体制,在北大肯定是难以实行的。这是一般道理,不需要论证。因此,了解北大以及国内大学问题的症结,这样的改革才会是根本的,是"治本",而不是"治标"。尤其是北大的改革,不仅对于北大,而且对于中国的大学教育,具有长期的、深远的影响,因此,我们不应该着眼于小打小闹,而需要进行深层次的改革。

　　我把自己的一点粗浅想法说出来,供方案的制定者作一参考。也是我的一种参与吧。

1. 目前方案能解决什么问题?

　　根据目前出台方案的第二稿,结果会是怎样?

　　我在哲学系工作,只用哲学系的情况来分析。

　　哲学系现有27名教授,27名副教授,5名讲师。按照这个方案,3年后的哲学系,27名教授基本不动(最多有两名现在已经返聘的教授退休,还有25人),副教授有11人出局,其中退休4人,其余7人扫地出门。3名讲师出局。这样剩下副教授16名,讲师2名。

　　5年后,27名教授中有3—4人退休。副教授中又有7人出局,剩下

111

9 人。讲师则全部出局。就是说,5 年后的哲学系还有 21 或 23 名教授,9 名副教授,新聘若干讲师。

如果再往后延续 5 年,教授中可能有少数人退休,大约是 5 人左右。那时教授还是 16—18 人。副教授剩下 2—4 人。(这个统计没有最后核实,或许个别情况有出入。)

此情况如下表:

	教授	副教授	讲师
现在	27	27	5
3 年后	27 或 25	16	2
5 年后	23 或 21	9	0
10 年后	16—18	2—4	新人若干

这个情况说明什么?

第一,出局最快、最早的是讲师,其次是副教授;

第二,教授在 5 年以内,人数基本不动。10 年内,人数没有大改动。

这还是静态的,如果这 10 年内,本系有副教授晋升为教授的,教授人数还要上升。讲师也会有晋升为副教授的。但是,讲师、副教授的流动人数不会有很大的增加,也可以控制,而教授的人数是不可控的,只会增加,不会减少。

我们可以分析一下这个结果。虽然在原有的体制下,教授、副教授、讲师中都有不合格的,这样的结果对于副教授和讲师大概都不公平。此其一。

更重要的是,如果说在 10 年内,教授的人数没有大的变动的话,提拔优秀人才、引进优秀人才只能流于空谈。即使能够引进个别的人才,也不能改变整体的格局。

第三,如果北大的改革只是达到这样的目标,也不必这样轰轰烈烈,只要连续 10 年不给哲学系的教授名额就行了。

哲学系的情况是这样,其他院系的情形也差不多,即使有点特殊,也是大同小异。

北大教授的具体数字我不知道,大约有 1000 多人(北大也是全世界教授最多的大学)吧? 10 年后还有多少? 如果引进人才,整个格局怎样? 我们大概要做一个估算,不能盲目乐观。

由此可见,按照北大现在的改革方案,10 年后的情况依然如此,这种改革还有什么价值和意义?

2. 仅仅靠引进人才能否解决问题?

北大不是世界一流,现在把这个问题直接落实到教师身上,认为是教师水平不行导致的。这样说不是没有道理。

但是,我们不仅还要问:为什么北大教师不行?

现在方案设计者可能没有思考过这个问题,他们以为,在北大淘汰一批人,引进一批人,水平就上去了。这可能也是一厢情愿,异想天开。

首先,请什么样的人进来? 即使全是哈佛、牛津、剑桥的博士,大概也不能马上把北大变成世界一流。因为获得这些名校博士学位的人,也不可能都是大科学家、大学者、大师。即使是这些名校中的教授,也不都是大师、大科学家、大学者。实际上,在这些名校毕业生中,还是只有极少数人才能成为大师。因此,在这些名校获得博士学位的中国人,他们要想成为大师,还要奋斗很多年。

值得注意的是,从上个世纪 80 年代起,至今已有近 20 多年了,在中国大陆的留学生(不仅是这些名校)中还没有出现大师,至少没有出现诺贝尔奖获得者。可见,要成为大师并不容易。这就意味着,如果北大从现在起开始引进国外名校的博士,也要做好他们在 20 年内不能成为大师的准备。

人文科学就更难说了。有些学科,我们也不能妄自菲薄,特别是文史哲中的一些学科,例如汉译佛典、中国哲学、中国古代史、甲骨文研究、中国古代文学等,大概还是北大第一,哈佛、牛津、剑桥不认也得认。前辈大师,像陈寅恪、王国维、梁启超、汤用彤等,有留学的,也有未留学的,尤其是,这四位都没有获得洋博士学位。

我这里并非反对从国外名校引进人才,我只是提醒一些人,靠这种法子,是解决不了北大的根本问题。因为,不管是引进的洋博士,还是本土的土博士,来到北大以后,还要在这里工作、学习,在这里成长。

北大的根本问题,还是在于如何有利于教师的科研、教学,调动他们的积极性,如何让人才发挥自己的才华。这个问题不解决,即使是像杨政宁、李政道这样的人回来也无济于事,更不要说让年轻人成长了。

这也像当年的洋务派改革,只从洋人那里购进洋枪洋炮,还是打不过洋人。问题不仅在于"器",根本在于制度。

3. 北大的问题在哪里?

北大的教师目前的水平确实不能尽如人意。这种状况是怎样造成的?

我还是从哲学系入手进行分析。

哲学系师资水平,从总体上说,还是"五四"那一代人水平最高。这一代人现在只剩下一人，就是张岱年。接下来就是 20 世纪 50、60 年代的毕业生，这一代人主要是在政治运动中度过大学和青壮年时期，其中虽然有极个别人可达到"五四"那一代人的水平，但总体上比起"五四"一代人水平要低得多（基本上不能阅读外文书籍和中国古代典籍）。这一代人在 2000 年也基本都退休了。

现在哲学系师资的主体，是文革前的大学生、工农兵大学生，以及 1977 年恢复高考之后上大学的人构成的。从 20 世纪 80 年代后期开始，哲学系不断有海外留学的博士回来工作，也有不少自己培养的博士留校。我们知道，从 20 世纪 80 年代以后，中国的学术研究才渐渐正常化，因此，目前的大致状况是，越是年轻的人，知识结构越合理，也越有前途，而年龄较大的人，正在渐渐失去优势。当然，这也不是绝对的。

可见，这种状况是历史造成的，改变这种状况，也要有一个过程。

在哲学系现有的学科中，不仅大多数在国内是领先的，而像中国哲学、汉语佛教等，说是世界一流并不为过。任何想在一夜之间把北大哲学系的所有学科都提高到世界一流水平，只能是幻想。

然而，现在的改革，正是让年轻人受到损害，他们在这个过程中没有获益，甚至可能被扫地出门。这对于哲学系的发展是非常不利的。

北大的其他学科我不大了解，人文学科的情况有点类似。哲学系如此，中文系、历史系、考古系等大概相差不远。

还有另一个过程我们也不能忽视，看看十年前北大一般教师的生活、收入、居住条件，任何外国教授都会惭愧的。几乎每一个老师对于住房都有十分辛酸的记忆，几乎每一个老师都为家庭琐事奔波操劳。当年从台湾来的陈鼓应教授对北大教师的处境十分同情，并对北大同行的工作成绩十分敬佩。近几年，国家对北大的投入加大，教师的生活情况有所改善

（还不能说现在的所有老师都已经过上了体面的生活），但是，学术研究不同于累积木，可以随时搭建，特别是基础学科，还是要靠长期积累。不能够今天投入，明天就要产出。急功近利、急于求成，往往是揠苗助长。

当然，不能说北大教师中没有问题，有些人不专心教学、科研，从事其他一些商业活动，有些人道德败坏，还有些人学术品格不高，甚至弄虚作假，还有些人水平不高，等等。解决这些问题并不难，严格按照校纪校规，让职称评审的程序公平、公开、合法化，这些现象基本上不会存在下去。

提高北大教师的水平，根本上还是在于创造一个有利于学术研究、学术创造的环境。就像植物和动物生长，必须给它适宜的生存环境。否则，任何人在这里不会成才，严格地说，不会成大才。应该说，北大现有的基础不错，据我所知，北大的教师一般都很热爱自己的工作，不管是从国外归来的，还是国内毕业的土博士，都各有所长。

但是，目前北大的一些状况却很不健康，非常不利于人才的成长。在媒体频频曝光的"社会活动家"正在引导北大的潮流，成为热点，学术慢慢地"官僚化"，学术资源的分配不合理，那些在踏踏实实做研究、搞教学的人正在被"边缘化"。当然，这些现在被"边缘化"的人物有朝一日浮出水面，也许又被拉去当"官"，或频频上镜，成为公众人物。这里面有一个怪圈。青年教师在北大的前途大约是两种：或变成"官"，或变成"蠢材"，而两者都没有走出这个怪圈。这正是北大的悲哀。

改革的根本的两条是：教授治校，学术自由。这一方面大家谈得很多。但落实到具体的措施上，我认为就是：创造一个真正的学术独立、自由、平等的环境，让普通教师能够专心地、心情舒畅地进行研究、工作。

因此，我呼吁并恳求：北大的改革者们，树立一种历史感，不要停留在问题的表面，拿出大智大勇来，敢于对旧体制开刀，从深层次上解决北大问题。这样的改革不仅对于北大，而且对于中国的大学，都会产生深刻、重大、深远的影响，在中国现代化史上，将会留下浓墨重彩的一笔。

如果这样的改革成功，作为个人，无论在这场改革中作出怎样的牺牲，都是值得、无憾的。反之，北大的所谓改革，则将又上演一出"皇帝的新衣"，给历史留下笑柄。

2003 年 6 月 21 日清晨

（原载《北大激进改革》，华夏出版社 2003 年。个别字句有改动）

附录三　中学语文教材的科学性如何保证？

——从余秋雨先生的两篇文章说起

　　北京市正在使用的中学语文课本上选有余秋雨先生的两篇文章，一篇是《道士塔》，一篇是《莫高窟》。① 我读了一下，觉得我们的教材编写存在不小的问题，故提出来，请方家指点。

　　《莫高窟》开篇是这样一段话：

　　　　莫高窟对面，是三危山。《山海经》记，"舜逐三苗于三危"。可见它是华夏文明的早期屏障，早得与神话分不清界线。

　　首先，《山海经》里没有"舜逐三苗于三危"这句话。查《尚书·尧典》有"（舜）窜三苗于三危。"《孟子·万章》有："舜……杀三苗于三危。"《庄子·在宥篇》却有"尧……投三苗于三峗。"这句话的来源大概在这些书里。

　　其次，关于"三苗"，唐人陆德明《经典释文》解释说："三苗者，缙云氏之子，即饕餮也。"缙云氏就是黄帝，也叫有熊氏（参见《史记·五帝本纪》中关于黄帝的注）。可见，"三苗"也是黄帝之后，即我们现在说的炎黄子孙。因此，不管"三苗"与今日之苗族有无关系，她也是华夏一支。把三危山说成是"华夏文明的早期屏障"，那么，"三苗"就被划出华夏文明，而属于"非华夏文明"了。这样的叙述不仅不符合历史，更不符合我们今天

----

　　① 《道士塔》在《全日制普通高级中学教科书（必修）语文》第三册，《莫高窟》在《全日制普通高级中学（必修）语文读本》第三册，两本教材都由人民教育出版社中学语文室编著，并由该社2007 年出版。

对于华夏文明的解释,还可能产生一些民族之间的误解。

文章接下来说:

> 那场战斗怎么个打法,现在已很难想象,但浩浩荡荡的中原大军
> 总该是来过的。当时整个地球还人迹稀少。哒哒的马蹄声显得空廓
> 而响亮。

中国古代在夏朝才有青铜器,西周末或春秋初才有铁器。《世本·作》云:"相土作乘马。"相土是商的祖先,他教人们学会使用马匹。推敲一下,可见战马的出现至少在商周之后。因此,帝尧或帝舜时代的战争,只能是石头、木棍,或许有竹木弓箭。所谓"哒哒的马蹄声"至少要在上千年以后才会听到。

最后,文章是这样结尾的:

> 我们,是飞天的后人。

这真有点让人哭笑不得。莫高窟中的飞天,是佛教所说的六道之一或十界之一,现代中国人怎么能够是她们的后代?

《莫高窟》是在《语文读本》中,另一篇《道士塔》就在《语文》课本中,是每个中学生在课堂上必修的文章。文章的开头这样说:

> 莫高窟大门外,有一条河,过河有一溜空地,高高低低建着几座
> 僧人圆寂塔。

"圆寂塔"不知是何物。和尚死了,叫圆寂。塔是佛塔的简称,又叫宝塔,可以藏舍利和经卷,是从印度传来的。把"圆寂"和"塔"结合一起,给人的意思是:这是一种让和尚在上面圆寂的塔。这大概是作者的异想天开,世上从来还没有这种东西。不知何故,作者对于这种毫无根据的说法反而有点执著和痴迷,在文章的结尾,他又这样写道:

> 他们默默地离开了会场,走过王道士的圆寂塔前。

"圆寂塔"已经是子虚乌有,而王"道士"与"圆寂"更是风马牛不相及,因为只有说道士羽化成仙,从来没有听说道士"圆寂"。此外,这句话中的"走过……塔前"也有语病。

问题还在于,这篇文章题名"道士塔",是指王圆箓的坟墓,这就对我们的宗教常识提出了严重的挑战。王圆箓是道士,道士的墓穴应该叫玄宫。道士的墓能不能叫"塔"?据我所知,前人从无此说。或许现代人把他的墓按照佛塔的形状来建造,可是它的名称是否能叫做"塔"?至少目前没有定论。作者可能还没有意识到,他要说清这个问题,需要用多少知识来论证!因此,无论如何,用"道士塔"作文章的题目是有问题的,实质上是不能用的。

作者对于佛教与道教常识的模糊还表现在以下一段话中:

> 道士想到了自己的身份,一个道士,何不在这里搞上几个天师、灵官菩萨?

课本中对"天师"和"灵官"都有注释,但没有给"菩萨"注释。因为菩萨是佛教中之物,当然无法注释。作者分明又把佛教与道教混淆了。

《道士塔》中还有一些其他问题,例如:

> 不幸由他(王圆箓)当了莫高窟的家,把持着中国古代最灿烂的
> 文化……

> 但他们没有那副赤肠,下个决心,把祖国的遗产好好保护一下。

(着重号为引者加)

把敦煌宝藏说成中国古代"最"灿烂的文化,大概不准确。除作者外,几乎没有人敢这样说。而"赤肠"更是不知何意? 成语有"赤胆忠心"和"古道热肠",没有听到"赤肠"之说。

以上只是我粗略阅读发现的问题,也是我首次发现中学语文课本中竟然出现如此惊人的错误!

中学教材编写的严肃性和重要性毋庸赘言。教材传授的是人类的知识成果。因此,科学性,即知识的准确性、可靠性应该是教材的第一要求。语文课本中涉及的文学、历史方面的知识,同样也有科学性的要求。假如在数学课本里出现了"两条平行线可以相交"的说法,当是不可饶恕的错误。语文课本里出现上述的错误,实际上与"两条平行线可以相交"具有同样的性质! 它会以讹传讹,贻害深远,尤其对于那些将来学理工科的孩子,可能会误导终生。至于由此涉及的文风、学风对于孩子的恶劣影响,也是难以估量的。

其实,避免这样的错误也很简单,让一个历史系的本科生和一个稍有宗教常识的人把把关就行。我想,如果我们中学语文教材连这样的错误都不能避免,那我们的下一代就实在太可怜了!

(原载 2008 年 7 月 9 日《中华读书报》,略有改动)

Nine Critical Remarks

九批判书

丙　学术批判

　　20世纪中国美学的理论遗产，第一是以蔡元培、朱光潜为代表的西方美学思想和理论；第二是以王国维、宗白华、徐复观为代表的中国美学理论；第三是以蔡仪、李泽厚为代表的马克思主义美学理论。

七 "实践美学"为什么走向终结?

20 世纪中国美学的理论遗产,第一是蔡元培、朱光潜等为代表介绍的西方的美学思想和理论;第二是以王国维、宗白华、徐复观等为代表的立足于中国人美感独特性的美学理论;第三是以蔡仪、李泽厚、朱光潜等人为代表的中国的马克思主义美学理论,其中以李泽厚为代表的"实践美学"成就最高,影响最大,是 20 世纪下半叶中国美学界的主流理论。到目前为止,中国美学界还没有真正的其他理论形态。一些所谓"后实践美学"、"生命美学"等等,由于缺乏一种真正的理论所必须的学术品格,实质上还不能成为一种美学理论。而它们对于"实践美学"所谓的批判也不能成为理论的批判。

"实践美学"注重体系的理论建构,发展并完善了马克思主义哲学中的一些有价值的命题。例如,它认为人类的美感及其对象,在最终的根源上是来源于人类的社会实践活动。在此基础上它提出的"积淀"、"自然人化"和"人化自然"的理论,具有非常深刻的内涵和丰富的思想。

康德认为人的美感根源于一种先验的形式感,即"无目的的合目的性",经验只是美感发生的外在的、具体的条件。故判断力虽然没有自己独立的领域,但却具有一种先验的立法地位。康德美学应该代表着西方古典美学的最高成就。"实践美学"鲜明地提出了"实践"是人类美感的最终根源这一与康德完全不同观点,至少对于康德美学来说是一种挑战,代表着理论探索的另一种不同的路向,因此具有一种真正的理论的价值和意义。更为可贵的是,"实践美学"家们还用这种美学观念和方法试图对中国古代艺术作出新的解释,发表了像李泽厚先生的《美的历程》这样的生机勃勃、才华横溢的著作,在中国学术界产生了极其广泛的影响和效应。

因此,"实践美学"作为20世纪中国美学的重要遗产之一,我们应当给予一种客观的、历史的评价。任何否定"实践美学"的历史贡献和价值的说法,都是武断和无知的。但是,今天看来,"实践美学"理论上的不足是十分明显的。

本文主要以李泽厚先生的理论文字为解析对象,论证"实践美学"作为一种学术理论自身的局限性,试图由此为21世纪中国美学的发展提供一种参照。

1."积淀说"困境之一:如何解释不美的事物?

"实践美学"的核心是"自然人化"的理论。李泽厚先生说:

> 自然的人化说是马克思主义实践哲学在美学上(实际上也不只是在美学上)的一种具体的表达或落实。就是说,美的本质、根源来于实践,因此才使得一些客观事物的性能、形式具有审美性质,而最终成为审美对象。这就是主体论实践哲学(人类学本体论)的美学观。①

根据这一基本立场,李泽厚先生提出了"积淀说"。他认为,人类的

---

① 李泽厚:《李泽厚十年集·美的历程》,第462—463页,安徽教育出版社,1994年。此处着重号为引者所加。

社会生产实践活动,在劳动产品和人的主体本身两个方面产生历史的效用和结果,在外在的世界中形成工艺社会结构,在人的主体中形成文化心理结构。美就是在这种实践活动中"积淀"在主体和客体双方,即在双向进展的"自然人化"中产生了美的形式和审美的形式感。具体说,"自然人化"的外在方面即工艺社会结构,有"硬件"和"软件"两个部分。"硬件"指被人类改造过的、发生变化的自然,例如劈山开路、绿化荒山、改造沙漠之类。"软件"指人与自然之间的关系,即使是没有经过人类改造的自然世界,在社会的发展中与人类的关系也能发生变化,成为人类存在的一部分。比如"社会越发展,人们便越要也越能欣赏暴风骤雨、沙漠、荒凉的风景等等没有经过改造的自然,越要也越能够欣赏像昆明石林这样似乎是杂乱无章的奇特美景,这些东西对人有害或为敌的内容已经消失,而愈以其感性形式吸引着人们。"①

内在的"自然人化"形成的文化心理结构,也分"硬件"和"软件"两个部分。"硬件"是指如何改造人的身体器官、遗传基因等。比如,劳动和社会实践,使人的双手变得灵巧,使人具有了能听音乐的耳朵、能看艺术作品的眼睛等等。"软件"是指人的心理状态。人类的心理不同于动物的心理,它不仅有个体性(动物性、感性),也有社会性(文化性、理性)。从原始艺术,我们可以看到早期人类如何把对于形式美的感受,表现为一种美感的形式,这是由外在自然人化的"软件"向内在自然人化的"软件"的一种转化。

可以看出,李泽厚先生"积淀"的范围和功能从自然到社会,从生理到心理,几乎网罗了审美的一切可能领域。但是,李泽厚先生撒下的"积淀"之网,却没有罩住一个简单的美学问题。按照李泽厚先生"积淀"的

---

① 李泽厚:《己卯五说》,第 138 页,中国电影出版社,1999 年。

说法,我们举目四望,皆为"人化自然"。因为,不仅人类改造过的自然(自然人化的"硬件"部分),包括没有改造过的自然(自然人化的"软件"部分),都在"积淀"过程中被"人化"了。那么,我们的世界之中是否存在不美的事物?

从常识来说,肯定有。因为,从逻辑上说,美是相对于不美而言的,全美也就无所谓美。就像白昼是相对黑夜而言的,全是白昼也就无所谓白昼了。从事实的角度说,至少在目前,美化我们祖国的山河、城市、乡村仍然是当前我国各级政府和全体人民的奋斗目标。面对那些不美的事物,我们不知"积淀说"何以解释? 这些不美的事物在"人化"的时候出了什么差错? 当然,我们知道,李泽厚先生是在说明美的事物和美感的本质,不是解释每一个具体事物的美和我们从中获得美感的原因。然而,我们的问题实质上是:不美的事物或非美感缺少的是一种什么本质? 因为美的本质一定是不美的事物所缺乏的。

应该说,李泽厚先生的"积淀说"在一定程度上可以论证人类美感和美感对象的最终根源,甚至可以部分解释我们审美活动中的美感及美感对象,就像解释国旗的美那样,但是,它却无法解释自然世界和人类社会生活中为什么有些东西是不美的。

关于这一点,蔡仪先生当年的批评仍然是符合逻辑的。他说:人的"劳动创造的东西太广泛了,自人造卫星到扫把便壶,哪一种都是有价值的,但未必都是美的。如果只是根据它是人的劳动创造的这一点就规定它美,那么,山货店都成了美术馆了。"①应该补充的是,按照"积淀说",自

---

① 蔡仪:《关于〈1844 年经济学──哲学手稿〉和美学研究中的几个问题》,见《美学讲演集》,第 55 页,北京师范大学出版社,1981 年。

然与人的关系即使发生了变化,"暴风骤雨、沙漠、荒凉的风景"也并不都是美的。

这里的根本问题在于,"实践美学"即使论证了"实践"是人类美感和审美对象的最终根源,也不能证明"实践"是美的事物与美感的性质。

2."积淀说"困境之二:如何"积淀"?

"积淀"概念是李泽厚先生的独创性发明,也是他美学理论的核心概念。"积淀"一词让我们联想到与"沉淀"相关的事物。记得童年时家里的水缸在装满后,用明矾搅拌几下,缸里水中的泥沙和杂物在旋转中慢慢沉淀下去,水因此变得清亮、透明。这是非常直观的现象。李泽厚先生把"积淀"这一概念引入美学理论,我们是否能达到如此直观的理解呢?

关于"积淀"一词,我们找到李泽厚先生的有关说法:

> 审美作为与这自由形式相对应的心理结构,是感性与理性的交融统一,是人类内在的自然的人化或人化的自然。它是人的主体性的最终成果,是人性最鲜明突出的表现。在这里,人类(历史总体)的积淀为个体的,理性的积淀为感性的,社会的积淀为自然的。原来是动物性的感官自然人化了,自然的心理结构和素质化成为人类性的东西。①

> 人性不应是先验主宰的神性,也不能是官能满足的兽性,它是感性中有理性,个体中有社会,知觉情感中有想象和理解,也可以说,它

---

① 李泽厚:《批判哲学的批判》,第 435 页,人民出版社,1979 年。

是积淀了理性的感性,积淀了想象、理解的感情和知觉,也就是积淀了内容的形式……①

以上的说法都是关于"积淀"结果的描述。但是,具体来说,"积淀"是怎样进行的?"积淀"的过程是如何? 对于此,李泽厚先生大概在形式美的解释上最为用力:

> 各种形式结构,各样比例、均衡、节奏、秩序,亦即形式规律和所谓形式美,首先是通过人的劳动造作和技术活动(使用——制造工具的活动)去把握、发现、展开和理解的。它并非精神、观念的产物。它乃是人类历史实践所形成、所建立的感性中的结构,感性中的理性。正因为此,它们才可能是"有意味的形式"。②

> 在对象一方,自然形式(红的色彩)里已经积淀了社会内容;在主体一方,官能感受(对红色的感觉愉快)中已经积淀了观念性的想象、理解。③

因此,形式美是"积淀"的一个成果。这种形式美不仅是外在世界的一种现象,而且也属于人类的内在部分:"人在这形式结构和规律中,获得生存和延续,这就正是人在形式美中获有安全感、家园感的真正根源。"④这样"积淀"的结果,就使"心理变成本体,历史构成理性,经验成

---

① 李泽厚:《李泽厚十年集·美的历程》,第 203 页。
② 李泽厚:《己卯五说》,第 139 页。
③ 李泽厚:《李泽厚十年集·美的历程》,第 11 页。
④ 李泽厚:《己卯五说》,第 139 页。

为先验"。①

然而,所有对"积淀"进行的这些解释,还远远称不上一种理论的证明。当"积淀说"在面对下列问题时,就会全面崩溃。

首先,"积淀"与美感是否有直接的关系?如果没有,"积淀"最多能够描述美感的根源,不能揭示美感的本质,它的意义只是非常有限的。而李泽厚先生则是明确声称"积淀"是与美感的性质相关的。如果"积淀"与美感的本质有直接的关系,那就会出现非常荒谬的结果。

比如,我们考究一下这种"积淀"的过程和时间,例如"动物性的感官自然人化"的"积淀",只能是大略的计算,可能是几千年,或许是几万年,甚至更长。其他的"积淀",像"人类(历史总体)的积淀为个体的,理性的积淀为感性的,社会的积淀为自然的",大概至少没有几十年上百年是不可能的。就是我们对于国旗的美的"积淀",至少也需要几十年。据说,溶洞中的石钟乳一百年只能长出一厘米。我们要"积淀"审美感觉,一百年不知能否长出一厘米。而人类目前的文明史也就几千年,人类个体生命长度最高的世界纪录还没有超过150年。按照"积淀说"的描绘,人作为一个个体要培养一点审美趣味的话,必须要有彭祖之寿才有可能,我们常人只能望"美"兴叹!更是让人不得其解的是,李泽厚先生还认为"积淀"不是通过遗传,而是通过教育来传递的。② 而教育总是从头开始的,科学家的子女可能不懂科学,学者的子女可能是文盲。对于个体来说,这种几十年、几百年甚至成千上万年的教育不知如何完成!此其一。

其二,实际上现实中的每一个人都具有自己的美感经验和审美标准。

---

① 李泽厚:《世纪新梦》,第253页,安徽文艺出版社,1998年。
② 见李泽厚:《世纪新梦》,第254页。

而作为同一时代、同一民族、同一地方的乡里乡亲,经过同样几十年、几百年、成千上万年的"积淀",有人是农民,有人是学者,有人是有一定知识的官员、商人,有人成为艺术家,等等,他们之间的美感差异无疑是巨大的。"积淀"是怎样造成了他们的美感差异? 同是处于社会实践活动的"积淀"过程之中,"积淀"如何造成个体的人在生理、心理、兴趣爱好方面的千差万别?

其三,经验事实中还有另一种情况:一个人通过学习音乐,就会对声音的美更加敏感;学习绘画,就会更敏锐细致地把握色彩和构图的妙处;学习王维的"大漠孤烟直,长河落日圆",就能欣赏边塞壮丽的风光。而这样的过程只需几年、几个月甚至更短的时间。当然,也有天生的音乐家、画家、诗人,但是,至少也有一部分人是通过学习才培养出这种审美的、艺术的感受能力的。这个过程用"积淀"来解释又不能吻合。因为,这不是什么"心理变成本体,历史构成理性,经验成为先验"的过程,而就是一个简单的教育过程,与学识字算术没有本质的区别,没有那么玄乎。

简单说,每个人的美感是不同的,而每个人的美感也是发展变化的,这些常识说明,"积淀"与美感的本质没有直接的关系,与单个的、具体的审美活动也没有直接的关系。"积淀说"即使能够描述美感的根源,却不能揭示美感的本质。

更重要的是,对于"积淀"的具体过程,我们不可能像直观水中杂物的沉淀那样进行直观。我们也无法经验这种"积淀"是如何发生的。按照"实践美学"的理论,"积淀"只能思辨地理解。思辨地理解,就是不能直观,不能体验,不能用经验验证。然而,不能直观、体验,也不能用经验验证,正是"积淀"概念的软肋,即最薄弱的地方。思辨哲学在 20 世纪西方衰落的原因也在于此。

3. 思辨的与经验实证的

20 世纪西方哲学的主流就是摒弃思辨的、形而上的哲学形态,而代之以分析的、经验实证的哲学。关于这两种哲学之间的根本区别,我们下一节讨论。这里顺便提到的是,在李泽厚先生与朱光潜先生的论战中,思辨的命题与经验的、实证的命题之间的差异和高下就已经暴露出来了。

李泽厚先生证明他的"积淀说",早期所举的是国旗的例子:"一块红布,几颗黄星本身并没有什么美,它的美是在于代表了中国,代表了这个独立、自由、幸福、伟大的国家、人民和社会,而这种代表是客观的现实。"①国旗本身的美和中国人民对它产生的美感,都是中国人民的生活历史形成的,即社会实践("积淀")的结果。后来在《美的历程》中,他用"积淀说"解释原始陶器纹饰的美。应当说,这些例子对于美和美感的解释不是完全无效,但却是十分有限的。国旗的美除了它的政治、民族、历史、国家的内涵以外,显然含有形式美的因素。彩陶的纹饰的形成可以说与原始人类的劳动实践相关,但是我们对于它的审美感受与原始人的感受肯定不同,这里面的美感具有不同质的区别。其次,现实中的每个人对于它的感受也不同,一个对于艺术、历史和文物没有兴趣的人可能不会对它产生美感,因为一个仰韶彩陶与一个破碗烂盆、坛坛罐罐没有多少区别,甚至更加粗糙。我们对于"积淀说"的例证,只能停留在思辨层面的理解。

众所周知,朱光潜先生的"主客观统一"说在美学论战中没有占到上

---

① 李泽厚:《美学论集》,第 62 页,上海文艺出版社,1982 年。

风,但是他却始终没有被击倒而占有一席领地。这里的奥秘在于,他的最后防线实际是建筑在对审美经验的描述上。他用大量的审美经验事实来证明他的观点,比如,他始终坚持"花是红的"与"花是美的"是根本不同的两回事,前者属于科学认识的范畴,是客观的;后者属于审美范畴,是主客观统一的。这是非常简单的审美经验事实。正是这种经验事实成了他的对手无法逾越的天堑。在此基础上,朱光潜提出"物"(物甲)与"物的形象"(物乙)的理论,认为审美的对象不是"物"本身,而是"物的形象"。早年他举的例子是古松,后来他经常举梅花为例:

> 梅花这个自然物是客观存在的,通过感觉,人对梅花的模样得到一种感觉印象(还不是形象),这种感觉印象在人的主观中引起了美感活动或艺术加工,在这加工的过程中,人的意识形态起了作用。感觉印象的意识形态化就成为"物的形象"(不但反映自然物,而且也反映人的社会生活中的梅花形象)。这个形象就是艺术的形象,也就是"美"这个形容词所形容的对象。依我这个看法,美既有客观性,也有主观性;既有自然性,也有社会性;不过这里客观性与主观性是统一的,自然性与社会性也是统一的。①

我们如果把这里的"意识形态"(马克思哲学术语,主要是哲学、宗教、法律、政治、艺术等社会意识)术语置换成"意识活动",朱光潜先生这里描述的审美活动和艺术创造过程,基本上是无懈可击的。而当朱光潜先生在论战中理论上屡屡不敌时,他不仅用事实向对手发问,甚至也向自

---

① 《朱光潜全集》第5卷,第54—55,安徽教育出版社,1996年。

己发问,用他的话说就是"交底":

> 例如我认为"花是红的"和"花是美的"是两种不同的反映……花的"红"可以用物理学和生物学分析出来,说它是若干速度的光波刺激眼球网膜所产生的印象,可以定成一个规律,普遍适用于一切可以叫做"红"的事物。花的"美"是怎么样一种"属性"呢?这却是物理学和生物学所分析不出来的,而且在这个对象上的"美"(例如花)和在每一个其他对象上的"美"(例如人、国旗、一部小说或是一曲乐调)是不象"红"那样到处皆同的。因此,我疑心"美"不象"红"那样同是客观事物的客观属性,而是一种社会现象,是与"鉴赏的人"大有关系的。①

朱光潜在这里揭示的理论对于经验事实的乏力,就是他的对手们的要害。李泽厚先生的"积淀说"只能解释国旗和彩陶的美的客观性,而对于"花是红的"和"花是美的"之间客观性的不同与否,则是束手无策,一筹莫展。这就暴露了一种理论自身的局限性。

在现实生活中,对于"花是红的"不同于"花是美的"的命题,我们可以用经验验证,可以用实验的方法检验。实验也可以重复进行,得出的结论是确定的。因此,从常识的角度,我们无法推翻这个命题。这就是朱光潜美学的力量所在。② 而李泽厚先生的"实践美学"缺乏的正是这种力

---

① 《朱光潜全集》第 10 卷,第 297 页。
② 但是,后期朱光潜美学的内在的矛盾与此相反,他提出了一些经验的、实证的命题,而试图用传统思辨的哲学原理来论证,因此终而无果。参见拙文:《论朱光潜后期美学思想的内在矛盾》,载《江苏社会科学》2000 年第三期。

量。所谓"积淀"是我们无法用常识来解释的。

由此可见，作为思辨的"积淀说"，就像一只千疮百孔的陈旧破船，不能负载"实践美学"的众多内涵和意义，无法实现李泽厚先生所赋予它的使命。

4. 西方传统形而上学的局限性

"实践美学"思辨的非实证的方法，是与它形而上学的理论形态一致的。

Metaphysica 被汉语翻译为"形而上学"或"玄学"，原是亚里士多德一本著作的名字。在西方哲学史上一个很长的时期内，人们常常用这个名称来指称哲学。可以说，"哲学"与"形而上学"两个词在 19 世纪以前的西方哲学里几乎是互换和通用的。此外，形而上学也指称哲学中的一个部类，与知识论、本体论等可以并列。汉语对于这个词的翻译比较传神，《易传》说："形而上者谓之道，形而下者谓之器。"（《系辞上》）哲学本来讨论的就是抽象的东西，有点"玄"。①

19 世纪末 20 世纪初，一些西方哲学家开始用"形而上学"这个词来批评过去的哲学家。海德格尔称西方过去所有的哲学为形而上学，而尼采是最后一位形而上学哲学家。德里达则称海德格尔是最后一位形而上

---

① 在亚里士多德著作手稿中，《形而上学》紧接着《物理学》，而"形而上学"一词的原义即为"物理学之后"。另外，meta 还有"总的"、"超越"的含义，因此"形而上学"一词也可译为"元物理学"。中国哲学界后来用"形而上学"专指一种与辩证法相对的思维方法，即片面的、僵死的、机械的思考问题的方法。这种用法似乎来自于马克思对黑格尔的批判，但在中国影响广泛，不仅在哲学界，还延伸到几乎全部知识界和普通大众。本文所使用的"形而上学"一词，与这种指称无关。

学的哲学家。分析哲学家更是认为形而上学的哲学问题都是无意义的假问题。这些都表明他们对于形而上学哲学的批判态度，"形而上学"成为陈腐、过时的代名词。

在 20 世纪西方哲学的语境中，"形而上学"究竟是什么含义？19 世纪以前的西方哲学究竟有何局限性？

西方哲学从柏拉图开始有一个共同的特点，就是企图建立一个包罗万象的大体系，对宇宙、自然和人类社会生活寻求一种根本的解释。柏拉图认为，现实的世界都是流动变化、朝生暮死的，因此是不可靠、不真实的。实在的、永恒的世界是"相"（idea）的世界。像物理学那样只研讨现实世界的知识，是不能把握永恒的事物和存在。理性所获得的必须是关于"相"的知识。他把追求"真"、"善"、"美"当作是哲学探索的目的。柏拉图首次区分了现实的世界和概念的、抽象的世界，明确、深刻地提出了哲学认识论中最根本的问题，即如何在现象世界中把握到事物的本质，达到对于世界的真理性认识。但是，"相"的世界就是现实世界之外的一个形而上的世界。柏拉图在哲学史上产生了深刻的、久远的影响，尼采认为两千年的西方哲学只是柏拉图哲学的注释。

此后，亚里士多德的《形而上学》讨论了存在、性质、实在、本体、具体与抽象、事物与概念、一般与个别等问题。中世纪以奥古斯丁和托马斯·阿奎那为代表的神学哲学家，用柏拉图和亚里士多德的哲学来解释基督教的思想，并建构了庞大的基督教哲学体系。近代以来，关于存在与思维、理性与认识、本质与现象、概念与实在等问题，一直是哲学家们探讨的核心问题。而这种理论范式在黑格尔哲学中达到巅峰。

黑格尔建立了一个无所不包的哲学体系。它的核心概念是绝对精神（Absolute Spirit），也叫绝对理念（Absolute Idea）或理念（Idea）。绝对精神是在自我异化和自我展开的过程中实现它的使命的,即在其对象中思维自己,并因此认识到它自身的本质。绝对精神的自身发展、演化构成整个世界自然史、人类历史和精神文化史。绝对精神的演化和展开是按照辩证法的法则实现的,具有能动性的特征,在辩证运动中克服矛盾的对立面,实现自身,完善自身。在黑格尔这里,绝对精神是一个概念,也是辩证运动的主体,还是一个运动的过程。抽象的东西自身发展、分化、分裂,经过具体和个别化的物体,最后又成为概念。在这种哲学中,思维与存在、主体与客体、形式和内容,被看做是同一的。因为,一切运动、活动和生命都服从思维规律。可见,黑格尔的这个体系是超越经验的、形而上学的,他把西方传统的形而上学演绎到了极致。

可是,只要我们用常识来检验一下,就发现黑格尔的这套体系完全是一种海市蜃楼般的玄谈,是一种"玄学"。因为,理念或概念怎么会是能动的主体? 它是如何演绎的? 它怎样达到外在世界的对象? 它自身为什么要遵循辩证法的法则? 这一切我们无法直观,也很难体验这一切。可以说,黑格尔所说的每一句话都只能思辨地领悟,不能够用经验和常识验证。

对于这些只能思辨地理解的哲学命题,我们既不能承认它是真,也不能认为它为假,因为它不能进行经验实证,也不能进行逻辑分析。因此,20 世纪西方分析哲学家认为,这样的命题是无意义的命题。

随着现代科学技术的飞速发展,传统哲学很难解释许多新兴科学譬如量子力学中的问题。因此,20 世纪西方哲学家在哲学探讨中远远不能满足于传统形而上学的思辨的论证方式,他们试图建立的是可以用常识验证的、自明的、更加精致的哲学方法。这并非完全否认传统形而上学的价值和意义(有些哲学家像伽达默尔还吸收了黑格尔的方法),而是认为传统哲学的方法和观念比较陈旧和简单,不能解决新的问题。就像亚里士多德的三段论虽然正确,但远远不能解决现代逻辑中的很多问题,必须要建立现代逻辑理论一样。因此,分析哲学要求首先对提出的哲学命题进行分析,证明它是否具有意义,然后再进行逻辑推理和经验验证。胡塞尔把本质直观作为现象学的根本方法,在本质直观中我们对于对象的知识可以达到自明的程度,这种自明就像我们直观一种颜色那样简单、明确。而对于一个先天的盲人来说,无论我们怎样描述,他也无法知道色彩是什么。这就是任何理论说明都不能达到经验直观的一种界限。

由此可见,传统形而上学的哲学形态根本不具备现代西方哲学所要求的品质,它的思辨的命题不能进行精致、清晰的推理和分析,也不能用经验验证,我们不可能从中获得的自明的知识。它所具有的这些局限性是确实的、十分明显的。20 世纪的西方哲学对于传统形而上学哲学的批判,标志着西方哲学理论研究的深化,是西方哲学的一种合乎逻辑的发展。20 世纪西方哲学譬如现象学、分析哲学的合法性正是建立在这个基础之上。

"实践美学"没有自己的哲学基础,它其实是嫁接在马克思—黑格尔哲学之上的一种美学理论。它的理论实质上继承了黑格尔哲学的形态,因此与形而上学哲学具有不可分割的血缘关系。我们比较一下黑格尔美学和"实践美学"的核心命题就不难看出这一点。黑格尔的美学核心命题是"美是理念的感性显现"。"实践美学"的核心命题是"美是人的本质力量的对象化",或"自然的人化"("积淀")。这两个命题从思维特征上来说是同一类型的,是思辨的,具有形而上的性质。它们的致命处就在于不能用经验来实证。从上述与朱光潜先生命题的比较中,我们已经证实了这类思辨命题面对经验事实时所出现的软骨症。

让人们更失望的是,"实践美学"对于传统形而上学的这种局限性没有丝毫的意识和反思,思辨的方式几乎贯穿在李泽厚先生的全部论述中。例如,他认为,无意识并非像弗洛伊德所认为的是人的本能,也是"积淀"的产物。他说:"至少从中国的文化和历史角度看,无意识并不只是一个由动物性与本能构成的领域。我提出'文化心理结构'就是试图提出另一种把握人类心理机制的理论假说,我认为人是一种超生物的社会存在物。文化心理结构强调文化和理性在无意识领域的融合过程。"①但是,弗洛伊德的理论是建立在大量病例分析的基础上,李泽厚先生却没有举出相反的实验例证,也没有论证文化心理结构和理性在无意识领域是如何融合的具体过程。

李泽厚先生还认为,"积淀"所形成的文化心理结构不仅包括人的审美能力,还包括认识和意志能力,即传统哲学所划分的知、情、意三个方面。在认识论方面,内在的"自然人化"形成人所独有的思维形式,如数学、逻辑、时空观念、因果范畴等,同时还形成自觉注意、类比联想、灵感、顿悟等等能力。在伦理行为方面,人类"积淀"了"自由意志",这种"自由意志"具有康德所说的"绝对律令",但不是先验的。而且,在知、情、意这三种能力中,情不仅仅具有审美的功能,而且也具有认识和伦理的功能,人们可以"以美启真"和"以美储善"。所谓"以美启真","就是以直观、灵感、隐喻、显喻等非逻辑形式的思维来启迪、引导而发现真理"②。而"以美储善"则是说明一种美感与道德的关系:美也是达到善的最好手段。总之,人类主体的一切内涵,包括人的"自由"的本质,都是在"积淀"

① 李泽厚:《世纪新梦》,第218页。
② 李泽厚:《己卯五说》,第162页。

中获得的:"自由(人的本质)与自由的形式(美的本质)并不是天赐的,也不是自然存在的,更不是某种主观象征,它是人类和个体通过长期实践所自己建立起来的客观力量和活动。"①……

可以说,李泽厚先生的所有这些论述都不能用经验验证,有些说法可说是思辨的,有些说法像"以美启真"、"以美储善"连思辨也不是,只能是漫无边际随想吧。随想与理论之间的区别,人们应该是很清楚的。

由此可见,"实践美学"是一种在黑格尔哲学范式下所建立的美学理论,它以概念作为逻辑起点,提出思辨的核心命题,这种典型的形而上性质的美学理论,至少表明它的观念和方法还是 19 世纪的。在 21 世纪的今天,它的这些观念和方法已经经不起当代学术的考问,经不起一般审美经验的检验,远远落后于时代。

5. "实践美学"是否达到自身学术的自足?

我们说,"实践美学"是嫁接在马克思——黑格尔的哲学之上,那么,"实践美学"是否具有黑格尔美学在理论体系内的自足?

黑格尔认为,只有通过概念和辩证的逻辑思维,我们才能认识到事物中的理性。当我们论证一个概念如何产生于另一个概念时,就表明了思维中的逻辑。思维的逻辑涉及真理的体系,观念世界的本质。这些内容不仅是思维中的东西,也是人类历史和世界历史以及精神的历史。因此,当我们思维这种概念时,我们就处于一种本质的、永恒的世界和过程中。因此,真正的知识是先验的哲学的知识。在这个意义上说,逻辑中的理念

---

① 李泽厚:《己卯五说》,第 139 页。

即为自然,自然也是逻辑中理念的形式,是具有时空形式的理念。所以自然也是理性,具有概念性的质。黑格尔对于绝对理念展开过程的描述,试图揭示出世界历史和人类精神历史发展的本质和规律。他的哲学的真正价值和魅力,正在于达到一种逻辑和历史的统一。

因此,黑格尔整个哲学的论证方法是逻辑和思辨,而非经验描述。他的最重要的著作《小逻辑》描述了绝对抽象的纯粹思想的演进,展示一个纯粹概念、范畴到另一个纯粹概念、范畴的转化和过渡。例如,黑格尔把"纯有"作为绝对精神的开端,也是他哲学的逻辑起点,然后他论证说:"这种纯有是纯粹的抽象,因此是绝对的否定。这种否定,直接地说来,也就是无。"①因为"纯有"既是纯思,也是无规定性的直接性,而开端的东西是不能有任何规定的。这种没有规定性的东西,实质上就是"无"。这样,从概念"纯有"就过渡到"无"的概念。像这样整个概念的演进阶段分"存在论"、"本质论"、"概念论"三个过程。第一个过程"存在论"又分"质"、"量"、"度"三个小阶段;第二个过程"本质论"又分"作为实存依据的本质"、"现象"和"现实"三个小阶段;第三个过程"概念论"又分"主观概念"、"客体"和"理念"三个小阶段。全部过程是从概念"纯有"过渡到概念"绝对理念"。

这里有一种思辨的力量。同样,黑格尔也没有用经验描述的方法来论证他的美学命题"美是理念的感性显现"。他的美学和他的哲学一样,能够在逻辑上达到一种概念的(体系的)内在完满和统一性。当然,上文我们已经论述了这种形而上学形态的局限性。尽管如此,黑格尔哲学和美学,代表了古典形而上学的最高阶段,不仅具有思辨的价值,他的体系

---

① 黑格尔著、贺麟译:《小逻辑》中译本,第192页,商务印书馆,1982年。

自身的完美、自足，也令人叹为观止。

从传统形而上学来说，"实践美学"一直把"实践"当作一种本体论的概念。然而，"实践美学"家们却从来没有进行概念和范畴的分析和演绎，从来没有论证"实践"与"审美"、"积淀"与"审美"在概念的内涵上具有内在的、逻辑的关联。一般来说，概念分析之中自然也能够展示一种逻辑的力量。例如，"教室"的概念中必包含有"课桌"、"黑板"；"厕所"的概念中必包含"小便器"、"大便器"；"劳动"的概念中必包含"人"、"工具"、"劳动对象"，等等。可是，我们从"实践"、"积淀"的概念中，却无法推演出"审美"的内涵。

迄今为止，我们看到"实践美学"所有的关于从"实践"到"审美"这一观点的论证，只是运用一种人类学的历史描述方法，来论证从"实践"到"审美"的关系。就是说，"实践美学"只是历史地描述人类在社会生活的过程中经历了怎样的发展和变化（最典型的是运用恩格斯《劳动在从猿到人转变过程中的作用》的观点和方法），来论证"实践"与"审美"的关系。尽管这种描述有时运用了一些人类学的材料而达到一种对于历史事实的可信度，然而，这种经验的历史性描述是无论如何达不到一种逻辑的必然（人类学因此也永远不能成为哲学）。

哲学史告诉我们，欧洲近代哲学，尤其是休谟的怀疑论哲学，已经充分论证了经验因果律与逻辑必然性之间的巨大鸿沟，经验描述的方法永远达不到逻辑上的必然（休谟曾经比喻说，即使我们每天都看到太阳从东边出来，也不能达到一种必然性的论证，说不准有一天太阳就从西边出来了）。休谟以后的哲学家对于这种区别是十分清醒的。"实践美学"把"实践"、"积淀"等概念完全当作一种历史活动过程来描述，没有进行一种抽象的、思辨的分析、推演，表明"实践美学"还缺少一种传统形而上学的哲学品质,缺少对于黑格尔哲学的真正认识。李泽厚先生把自己的理论概括为"主体论实践哲学"、"人类学本体论"、"历史本体论",我们由此实在无法看出他对于近代欧洲哲学具有真正的理解,对于哲学与人类学、历史学之间的最后界限达到真正的把握。①

由于缺乏对于"实践"与"审美"之间概念内涵关系的论证,"实践美学"因此出现很多尴尬的处境。例如,按照"实践美学"的解释,人类的一切社会活动都是"实践",那么犯罪是不是"实践"? 这种犯罪的"实践"与审美活动是什么关系(本体论意义上的)? 如果不是,审美活动的独特性与"实践"是一种什么关系? 我们如何能够区别何种"实践"与审美活动有关,而何种"实践"与审美活动无关?(这个问题与"人化自然"中是否存在不美的事物以及如何"积淀"的问题实质上是同一的。)"实践美学"的这些致命伤,实质上就是"实践"与"审美"在概念内涵上缺乏内在的、逻辑的关联的外化。概念之间的逻辑力量正是由此而展示出来。"实践"概念极为宽泛的内涵,也展示了以概念作为逻辑起点的"实践美学"在理论上捉襟见肘,不能自圆其说。

"实践美学"试图通过对于人类历史生活的描述来论证"实践"与"审美"的关系,显然缺少真正的思辨和逻辑论证,缺乏一种逻辑的力量。这表明"实践美学"在逻辑上远远没有达到黑格尔哲学体系的严密,不可能实现黑格尔美学在逻辑上概念体系的内在完满和统一性。因此,即使作为一种传统的形而上学,"实践美学"自身也存在重大缺陷,难以达到学术自身的严密和自足。

---

① 此外,李泽厚先生的"人类学本体论"与人类学美学也具有本质的区别。因为,人类学美学是一种新的边缘学科,而"人类学本体论"不是一种边缘学科,只是一种哲学体系的设想。

简言之,"实践美学"追求的是一种传统形而上学的体系,而实际上,它离这个目标还很远。

6. 小结

综上所述,"实践美学"的问题在于两个方面。一方面,从根本观念和核心命题可以看出,"实践美学"是一种传统形而上学的美学理论形态。但"实践美学"在根本方法上缺乏真正思辨的或逻辑的论证,因而没有实现一种逻辑体系上的完满和统一性(像黑格尔美学那样)。就体系自身来说,"实践美学"的内在矛盾恰恰在于它试图用经验描述的方法来论证形而上性质的命题,这即是命题与理论论证在思维方式上的内在矛盾。这是一种方法上的局限性。

另一方面,"实践美学"的形而上学性质,至少表明它的观念和方法还是 19 世纪的,是一种在黑格尔哲学范式下所建立的美学理论。在 21 世纪的今天,它的这些观念和方法远远不能到达现代哲学的精确、细致和明晰,不能实现观念和事实、命题和经验的内在统一。"实践美学"的这种矛盾在根本上是属于一种哲学本身的矛盾,是一种哲学理论自身的局限性。

还应该说明的是,"实践美学"运用人类学的经验描述方法来论证它的核心命题,与它自身的形而上性质不能用经验验证是一个十分有趣的事。就像西西弗斯一样,"实践美学"家们不知道他们所做的是一件徒劳无功的工作。这也是一种对立,这种对立表明了"实践美学"在理论上的幼稚和简单。"实践美学"家对于哲学与哲学方法的认识,还远没有达到黑格尔哲学的层面。

此外，"实践美学"从理论形态、观念、命题和方法上来说，还是一种属于西方的学说，因而它也没有能够真正深入中国艺术作品和中国人美感形态的内部进行探讨，不能解释中国传统艺术的根本特征和内在精神，与中国人的美感形态和艺术体验基本上是隔膜的。关于这一点，涉及在现代化的历史条件下中国学术如何转型的大问题。在这个问题上，我更强调宗白华美学遗产对于我们当下美学建设的价值和意义。这一方面要说的话很多，篇幅有限，就此打住。

自 20 世纪 80 年代以来，中国内地的学者对于西方哲学、尤其是西方现代哲学的研究有着长足的进展。关于现代西方哲学家对于传统形而上学的批评，已经不是新鲜的话题。本文所进行的理论分析实则只是 20 世纪初期西方哲学的一些常识。行文至此我不免感到几分滑稽和无奈，感觉自己就像在航天时代的今天还津津乐道汽车的原理如何先进一样。

八　如何探讨中国艺术精神？

——质疑徐复观对于《庄子》"道"的理解

《中国艺术精神》是徐复观研究美学的代表作。该书自 1987 年在内地被春风文艺出版社出版以来，在内地学术界产生了广泛的影响。徐复观认为，道德、艺术、科学是人类文化中的三大支柱。《中国艺术精神》的目的，就是要通过中国传统文化的阐发，试图"在人的具体生命的心、性中，发掘出艺术的根源，把握到精神自由解放的关键"，说明"中国文化在这一方面的成就，也不仅有历史地意义，并且也有现代地、将来地意义"。"所以我现时所刊出的这一部书，与我已经刊出的《中国人性论史·先秦篇》，正是人性王国中的兄弟之邦。使世人知道中国文化，在三大支柱中，实有道德、艺术的两大擎天支柱。"[①]

从书名即可看出，徐复观的《中国艺术精神》探讨的主要问题是：什么是中国艺术精神？

艺术精神是指艺术独自具有的一种内在的品质或气质。因此，它显然不是一门艺术的内容或形式的特征，甚至与某种艺术的境界也不完全相同。譬如，中国画不同于日本画，中国古诗不同于日本俳句，不是它们的物质媒介不同，而是内在的精神不同。西方艺术也是如此，近代的意大利、荷兰、俄罗斯的绘画，人们都可以看出具有不同的精神。当然，东西方艺术精神的不同，则更是十分明显的。

由此可见，艺术精神中蕴涵一种民族文化的最根本的理念。因此，探

---

① 　徐复观：《中国艺术精神·自叙》，第 2 页，春风文艺出版社，1987 年版。

求这种艺术的精神不只是一个艺术上的难题,实质上是一个哲学难题,一个属于哲学的美学学科研究所面对的真正对象。① 因为,一种艺术所体现出的精神,不可能来自艺术本身,而应该是源于民族文化中最核心处的东西——哲学或宗教。这就好比体育运动虽然是一种身体的运动,但体育的精神——比如"奥林匹克精神"之类,一定是属于人文的精神一样。

中国艺术的精神是什么?《中国艺术精神》可以说是这一领域的拓荒之作。徐复观认为:"中国文化中的艺术精神,穷究到底,只有孔子和庄子所显出的两个典型。"②当然,对于"中国艺术精神"这样一个重大而又复杂的问题,并非这样简单的回答就可以完满地解决问题。但徐复观在其著作中毕竟提出了自己有价值的看法。因此,尽管《中国艺术精神》在一些关键的理论问题上存在值得商榷之处,但仍不失为一本有功力、有规范的 20 世纪中国美学研究的重要著作。③

《中国艺术精神》的第一章论述儒家,主要是孔子,题目为"由音乐探讨孔子的艺术精神",第二章论述道家,主要是庄子,题目是"中国艺术精神主体之呈现——庄子的再发现"。其余章节都是关于中国绘画理论的研究。④

---

① 宗白华先生对于中西艺术中宇宙观、哲学观的研究,应该属于这种对艺术精神的探求和研究。

② 徐复观:《中国艺术精神》,第 5 页。

③ 徐复观自己评价这部书说:"我自己并没有什么预定的美学系统;但探索下来,自自然然地形成为中国地美学系统。"而就中国绘画史来说,"我所写的,对于整个的画论、画史而言,只能算是一个大的线索、大的纲维。但每一句话,都是经过自己辛勤研究以后才说出来的。这等于测量地图,测量的基点总算奠定了。"(见徐复观:《中国艺术精神·自叙》,第 3、4 页。)

④ 关于中国绘画,徐复观也有一些重要的观点。例如他说:"从画史来说,中国由彩陶时代一直到春秋时代,是长期的抽象画,可是并非现代的抽象主义。战国时代开始有了写实的精神、作品。但因秦汉阴阳五行及神仙方士的影响太大,写实的路没有得到好好地发展。到了魏晋时代,因玄学之力,而比西方早一千多年,引起了艺术的真正自觉。尔后中国的绘画,始终是在主客交融、主客合一中前进。其中也有写实的意味,也有抽象的意味;但不是一般人所比附的写实主义、抽象主义。"(见徐复观:《中国艺术精神·自叙》,第 4 页。)这些问题不在本书研究之列,暂存不议。

本文主要讨论该书的前两章。

首先应该要说明的是,徐复观的著作在关键问题的表达上出现了一些混乱。虽然他的主要目的是探讨中国绘画的内在精神,并试图由此伸展为探讨中国艺术的精神,但他常常把"中国艺术精神"与"中国文化中的艺术精神",以及"中国人生活中的艺术精神"混为一谈。例如他说:"庄子所追求的道,与一个艺术家所呈现出的最高艺术精神,在本质上是完全相同。"①这里可以说指的是"中国艺术的精神"。但他又说:"庄子之所谓道,落实于人生之上,乃是崇高的艺术精神"②,就显然不是指"中国艺术的精神",而是指"中国人生活中的艺术精神"。

当然,"中国文化中的艺术精神",以及"中国人生活中的艺术精神",与"中国艺术的精神"并非完全没有联系,但在本质上和逻辑上,它们的区别是十分明显的。这些问题的混杂使得《中国艺术精神》的论述不仅零乱,而且常常有悖逻辑。

我们对于徐复观的论述稍作整理,把他的观点大致归纳为:儒家的最高目标是人生艺术化,可以用"中国人生活的艺术精神"来概括;庄子的精神是中国艺术精神的发源地,可以归入"中国艺术精神",而儒道两家都体现出一种艺术的精神,这就属于"中国文化中的艺术精神"之内。

徐复观认为,如果说,孔子和儒家是"为人生而艺术",那么,庄子的精神则是纯粹的中国艺术精神。他说:"对儒家而言,或可称庄子所成就为纯艺术精神。"③

在徐复观看来,庄子的这种纯艺术精神并非是虚幻抽象的,实际上与

---

① 徐复观:《中国艺术精神》,第49页。本章引文中的着重号为原文所固有。
② 徐复观:《中国艺术精神·自叙》,第3页。
③ 同上书,第118页。

具体的艺术、尤其是中国画的关系非常密切："由庄子所显出的典型,彻底是纯艺术精神的性格,而主要又是结实在绘画上面。此一精神,自然也会伸入到其他艺术部门。例如魏晋时代的音乐,也可以看做是玄学的派生子。而宋代形象素朴、柔和,颜色淡雅、简素的瓷器,在精神上是与当时的水墨山水画相通的。"①"中国艺术精神的自觉,主要是表现在绘画和文学两方面。而绘画又是庄学的'独生子'。"②因为,中国文学的发展在先秦以前是受到儒道两家的影响,魏晋以后又受到佛教的影响。所以,庄子对于中国绘画精神的影响,是最根本、最本源性的。

中国绘画在先秦应该受到儒家的影响(例如孔子说过:"绘事后素。"《论语·八佾》),魏晋以后也会受到佛教的影响,但这些影响对于绘画与文学肯定是不一样的。这里面的问题非常复杂。徐复观关于中国绘画主要受到庄子影响的观点,可作为一家之言,其中不乏有价值的思想。

关于庄子与艺术精神,徐复观有很多论述。我们简单归纳,大致有以下几个方面:

第一,庄子的"道"与最高的艺术精神相同。例如,徐复观说的:"庄子所追求的道,与一个艺术家所呈现出的最高艺术精神,在本质上是完全相同。"③

第二,庄子的精神,体现在人生中,就是一种艺术精神。例如,徐复观说:"庄子之所谓道,落实于人生之上,乃是崇高的艺术精神;而他由心斋的工夫所把握到的心,实际乃是艺术精神的主体。""当庄子从观念上去描述他之所谓道,而我们也只从观念上去加以把握时,这便是思辨地形而

---

① 徐复观:《中国艺术精神》,第5页。
② 同上书,第5页。《中国艺术精神》第三章以后专论中国绘画。
③ 同上书,第49页。

上的性格。但当庄子把它当作人生的体验而加以陈述，我们应对这种人生体验而得到了悟时，这便是彻头彻尾地艺术精神。"①

第三，中国的艺术精神，与中国人的艺术人生的观念是相通的，其根源也在于老子和庄子。例如，徐复观说："老、庄思想当下所成就的人生，实际是艺术地人生；而中国的纯艺术精神，实际系由此一思想系统所导出。"②

如果说徐复观关于孔子的音乐思想的讨论，主要是落实在人生的艺术化上，那么，他关于庄子的这些观点，可以说触到了"什么是中国艺术的精神"这样一个本源性的问题。虽然我们看到他的论题经常转换，逻辑关系不甚清晰，论证不足，但是，他毕竟发前人之所未发，把庄子与中国艺术的精神联系到一起。③ 这在中国美学研究的近百年的历程中，也是平地春雷，振聋发聩，令人耳目一新，为我们把握中国艺术的根本精神，提出了一条重要的线路。这种首创之功，在学术史和文化史上无疑都具有不一般的意义和价值。

当然，对于"中国艺术精神"这样一个重大而又复杂的问题，非一朝一夕可以臻于完满，亦非一人一书即可了断。徐复观书中自然也存在一些值得商榷之处，需要进一步澄清。

我试图对徐复观论及庄子与中国艺术精神关系的几个重大问题，提出疑问。我认为只有这样，才能继续真正深入地探讨关于中国艺术精神

---

① 徐复观：《中国艺术精神》，第3、44页。

② 同上书，第41页。

③ 宗白华先生说过："晋人的美感和艺术观，就大体而言，是以老庄哲学的宇宙观为基础，富于简淡、玄远的意味，因而奠定了一千五百来中国美感——尤以表现于山水画、山水诗的基本倾向。"（宗白华：《美学散步》，第187页。）他还认为，《庄子》中的人物，都成了宋元人画的范本，但他没有由此从整体上论及中国艺术的精神。

的问题。①

问题一：《庄子》的"道"与中国艺术的最高意境是否相同？

从根本的思想和观念来说，"道"是《庄子》全部哲学的核心。谈论《庄子》与中国艺术精神的关系，无论如何不能回避《庄子》的"道"。

徐复观说：对于老庄的"道"，"假使起老、庄于九泉，骤然听到我说的'即是今日之所谓艺术精神'，必笑我把他们的'活句'当作'死句'去理会"，但他仍然认为："庄子所追求的道，与一个艺术家所呈现出的最高艺术精神，在本质上是完全相同。"而"道的本质是艺术精神，乃就艺术精神最高的意境上说"②。

我们可以看看《庄子》的"道"是否属于一种艺术的精神，或艺术精神的"最高意境"。在庄子看来，"道"是创造宇宙万物的本源："夫昭昭生于冥冥，有伦生于无形，精神生于道。"③"道"是"有情有信，无为无形；可传而不可受，可得而不可见；"在时间和空间上，它"自本自根，未有天地，自古以故存；"它始创万物，"神鬼神帝，生天生地；在太极之先而不为高，在六极之下而不为深，先天地生而不为久，长于上古而不为老。"④正是由于"道"，宇宙万物，无论大小、巨细，其生成、发展以及衰亡的运动，才有规律："今彼神明至精，与彼百化，物已死生方圆，莫知其根也，扁然而万物自古以固存。六合为巨，未离其内，秋毫为小，待之成体。天下莫不沈浮，

---

① 问题还在于，大陆学术界至今对于徐复观的上述观点基本都接受，而且在关于中国美学研究的著作中，我们几乎到处都可以看到徐复观的观点和理论被直接或间接引用。

② 徐复观：《中国艺术精神》，第43、49页。

③ 《庄子·知北游》。见郭庆藩：《庄子集释》，中华书局，1997年。

④ 《庄子·大宗师》。

终身不故;阴阳四时运行,各得其序。憨然若亡而存,油然不形而神,万物畜而不知。此之谓本根"。"本根"就是本源。"天不得不高,地不得不广,日月不得不行,万物不得不昌,此其道与!"[1]"道"主宰一切,"无不将也,无不迎也;无不毁也,无不成也"[2]。

从创生论来说,"道"是"物物者"。"物物者非物","道"是非物质性的,而且,"物物者与物无际,而物有际者,所谓物际者也"。[3] "际"即边界、关系之意。所以,"道"决定万物的盈虚积散等变化,本身却没有变化。"谓盈虚衰杀,彼为盈虚非盈虚,彼为衰杀非衰杀,彼为本末非本末,彼为积散非积散也。"[4]"杀生者不死,生生者不生。"[5]道又无所不在,除了在我们认为可观的、好看的事物之中,也在"蚁蝼"、"梯稗"、"瓦甓"这些人们不太可观、好看的事物之中,甚至还在像"屎溺"这样肮脏的事物之中。而且,"道行之而成",是在事物的自然运动之中,"已而不知其然谓之道"。[6] 在事物的千变万化中,"道"则始终如一:"举莛与楹,厉与西施,恢诡谲怪,道通为一。"[7]"莛"是屋上的横梁,"楹"是屋柱,厉是丑女,西施是美女,可是从"道"的方面看,她(它)们都是一样的。

我们从《庄子》的这些论述可以看出,正如有些学者所言:"道'神鬼神帝',说明比鬼神更根本;道'无为无形',说明道没有情感和意志,所以不同于上帝之类的神灵。道'自本自根',独立于物质世界之外,道又'不

---

① 《庄子·知北游》。
② 《庄子·大宗师》。
③ 《庄子·知北游》。
④ 同上。
⑤ 《庄子·大宗师》。
⑥ 《庄子·齐物论》。
⑦ 同上。

可受''不可见',是神秘而不可感知的。"①

因此,简单地说庄子的"道"与中国艺术家呈现出的最高艺术精神相同,或者说"道"的本质是艺术精神最高的意境,实在是牵强附会,不能成立。

徐复观本人也意识到这里的悖谬,所以他又说:"当庄子从观念上去描述他之所谓道,而我们也只从观念上去把握时,这道便是思辨地形而上的性格。但庄子把它当作人生的体验而加以陈述,我们应对于这种人生体验而得到了悟时,这便是彻头彻尾地艺术精神。"②就是说,只从庄子"由修养的工夫所达到的人生境界去看,则他们所用的工夫,乃是一个伟大艺术家的修养工夫;他们由工夫所达到的人生境界,本无心于艺术,却不期然而然地会归于今日之所谓艺术精神之上"。③ 这些话的含义实际上是,中国艺术精神是体现在《庄子》中的得"道"者身上,也即徐复观所说的:"庄子之所谓道,落实于人生之上,乃是崇高的艺术精神。"④

那么,《庄子》中的得"道"者,或者说《庄子》理想的人生,是否具有一种艺术的精神或境界?

问题二:《庄子》中的得"道"者是否
具有一种艺术的精神或境界?

《庄子》的"道"是非常神秘的:"道物之极,言默不足以载;非言非

---

① 刘笑敢:《庄子哲学及其演变》,第 105 页,中国社会科学出版社,1993 年。
② 徐复观:《中国艺术精神》,第 44 页。
③ 同上书,第 43—44 页。
④ 同上书,第 3 页。

默,议有所极。"①言语和思维都不能表达"道"。"道不可闻,闻而非也;道不可见,见而非也;道不可言,言而非也。知形形之不形乎! 道不当名。"②

当然,"道"有时可以体验。能够体验到道的人则是非常不一般的人:"夫体道也,天下之君子所系焉。今于道,秋毫之端万分未得处一焉,而犹知藏其狂言而死,又况夫体道者乎!"③比如,"狶韦氏得之,以挈天地;伏戏氏得之,以袭气母;维斗得之,终古不忒;日月得之,终古不息;堪坏得之,以袭昆仑;冯夷得之,以游大川;肩吾得之,以处大山;黄帝得之,以登云天;颛顼得之,以处玄宫;禺强得之,立乎北极;西王母得之,坐乎少广,莫知其始,莫知其终;彭祖得之,上及有虞,下及五伯;傅说得之,以相武丁,奄有天下,乘东维,骑箕尾,而比于列星"④。除了天地、日月、星辰,得"道"的几乎都是不食人间烟火的神仙。

除此之外,《庄子》中其他一些地方也有对得"道"者的描述,大体说有三种。

第一种是能够无待而逍遥,即绝对逍遥者。《庄子》认为,像大鹏鸟那样,"背若太山,翼若垂天之云,抟扶摇羊角而上者九万里,绝云气,负青天,然后图南,且适南冥也",不算绝对逍遥;"知效一官,行比一乡,德合一君,而徵一国者"的宋荣子,"举世而誉之而不加劝,举世而非之而不加沮,定乎内外之分,辩乎荣辱之境",也不是绝对的逍遥;甚至"御风而行,泠然善也,旬有五日而后反"的列子,仍然不是绝对逍遥。因为,他们

---

① 《庄子·则阳》。
② 《庄子·知北游》。
③ 同上。
④ 《庄子·大宗师》。

的行动都是"有所待"。绝对的逍遥是"无待"。只有"乘天地之正,而御六气之辩,以游无穷者",这样"独与天地精神往来"才是绝对逍遥。① 能够这样逍遥的,只有"神人"、"至人"、"真人"、"圣人"。

何为"神人"、"至人"、"真人"、"圣人"?《庄子》说:

> 至人神矣! 大泽焚而不能热,河汉冱而不能寒,疾雷破山〔飘〕风振海而不能惊。若然者,乘云气,骑日月,而游乎四海之外。死生无变于己,而况利害之端乎!
>
> 至人潜行不窒,蹈火不热,行乎万物之上而不慄。
>
> 古之真人,不知说生,不知恶死;其出不䜣,其入不距;翛然而往,翛然而来而已矣。
>
> (真人)登高不慄,入水不濡,入火不热。
>
> 真人之息以踵,众人之息以喉。
>
> 圣人愚芚,参万岁而一成纯。②

这种"真人"、"至人"、"神人"、"圣人",可以说,就是后来道教中的"太上老君"、"太白金星"等神仙。据《史记·秦始皇本纪》载,方士卢生向秦始皇说:"真人者,入水不濡,入火不热,陵云气,与天地久长。"可见战国时的方术也与《庄子》此说相通。

《庄子》中得"道"的第二种人是混沌无知的人,即"堕肢体,黜聪明,离形去知,同于大通"的人,像南郭子綦、伯昏无人等。成玄英疏曰:"伯,

---

① 《庄子·逍遥游》。
② 《庄子·齐物论》、《庄子·达生》、《庄子·大宗师》、《庄子·大宗师》、《庄子·大宗师》、《庄子·齐物论》。

长也。昏，黯也。德居物长，韬光若黯，洞忘物我，故曰伯昏无人。"①

《庄子》认为："吾生也有涯，而知也无涯。以有涯随无涯，殆已；已而为知者，殆而已矣。"②知识是无限的，而人生是有限的。所以用有限的人生企图去穷尽无限的知识，是会陷入迷途不能自拔的。庄子还说："知止乎其所不能知，至矣；若有不即是者，天钧败之。"成玄英疏曰："率其所能，止于分内，所不能者，不强知之，此临学之至妙。"否则，"斯败自然之性者也"③。"天均"在此意为自然之性。如果强求为知，则必然碰壁、失败。《知北游》通篇讨论的，就是能否认识"道"的问题。结论是："夫知遇而不知所不遇，知能能而不能所不能。无知无能者，固人之所不免也。夫务免乎人之所不免者，岂不亦悲哉！至言去言，至为去为。齐知之所知，则浅矣。"就是要人们取消求知的欲望和行为。

因此，《齐物论》把古人的"知"分为几类："古之人，其知有所至矣。恶乎至？有以为未始有物者，至矣，尽矣，不可以加矣。"这是第一等，即知道"未始有物"之前的世界状况为知识之极；其次是"以为有物矣，而未始有封也。"就是只见其物，而不作区分。这是第二等；再次是"以为有封焉，而未始有是非也"，即对事物作出区别而不判明是非。这是第三等；最下一等是"是非之彰也，道之所以亏也。"就是把什么都弄得清清楚楚，道也就破坏殆尽了。最高的认知就是与天地浑然为一。

《庄子》之所以这样说的最根本原因，是它认为作为宇宙万物本源的"道"是语言和思维不可及的："夫大道不称"，"道昭而不道，言辩而不

---

① 郭庆藩：《庄子集释》第一册，第197页。

② 《庄子·养生主》。

③ 《庄子·庚桑楚》。

及"①。我们一般的逻辑和理性是不能把握世界的："以指喻指之非指,不若以非指喻指之非指也;以马喻马之非马,不若以非马喻马之非马也。天地一指也,万物一马也。"②而语言也不能表达真理之思："世之所贵道者书也,书不过语,语有贵也。语之所贵者意也,意有所随。意之所随者,不可以言传也。"庄子以轮扁斫轮为例："斫轮,徐则甘而不固,疾则苦而不入。不徐不疾,得之于手而应于心,口不能言,有数存焉于其间。臣不能以喻臣之子,臣之子亦不能受之于臣,是以行年七十而老斫轮。古之人与其不可传也死矣,然则君之所读者,古人之糟魄已夫。"③一般为人们所孜孜以求的所谓知识,尤其是读书人皓首穷经,所得不过是糟粕而已。真知是只可意会,不可言传的。

其次,《庄子》认为,就具体事物来说,它在发生和生成意义上,我们是不可究其根底的："有始也者,有未始有始也者,有未始有夫未始有始也者。有有也者,有无也者,有未始有无也者,有未始有夫未始有无也者。俄而有无矣,而未知有无之果孰有孰无也。"④就是说,事物生成在时间上不可追溯,同时,"有"与"无"在绝对的意义上也是不能追问的。

因此,《庄子》走上一种极端相对主义的立场："夫物,量无穷,时无止,分无常,始终无故……计人之所知,不若其所不知;其生之时,不若未生之时;以其至小求穷其至大之域,是故迷乱而不能自得也。由此观之,又何以知(毫)[豪]末之足以定至细之倪! 又何以知天地之足以穷至大之域!"⑤"物无非彼,物无非是。自彼则不见,自知则知之。故曰彼出于

① 《庄子·齐物论》。
② 同上。
③ 《庄子·天道》。
④ 《庄子·齐物论》。
⑤ 《庄子·秋水》。

是,是亦因彼。彼是方生之说也,虽然,方生方死,方死方生;方可方不可,方不可方可;因是因非,因非因是。是以圣人不由,而照之于天,亦因是也。是亦彼也,彼亦是也。彼亦一是非,此亦一是非。果且有彼是乎哉?果且无彼是乎哉?"①"弗知乃知乎!知乃不知乎!孰知不知之知?"②真知似乎在是与非,无可与无不可之间。

于是,《庄子》指出了一条与一般逻辑和理性认识不同的认识之路:"孰知不言之辩,不道之道?若有能知,此之谓天府。注焉而不满,酌焉而不竭,而不知其所由来,此之谓葆光。""彼是莫得其偶,谓之道枢。枢始得其环中,以应无穷。是亦一无穷,非亦一无穷也。""是以圣人和之以是非而休乎天均,是之谓两行。"③"天均"在此意即天然均衡。冯友兰说:"休乎天均,即听万物之自然也。"④这里的"天府"、"道枢"、"天均"、"葆光",都是要人们超脱是非,以不知为知,"堕肢体,黜聪明,离形去知,同于大通"⑤。

不能否认,《庄子》提出了认识论中一些非常深刻的问题,比如,语言与事物的关系问题,最终真理性问题,以及真知的可说与不可说的问题等,这些问题至今仍然是哲学家们讨论的热点。然而,庄子的立足点和结论是极端相对主义的,它在对待世界和社会生活的态度上,又是消极、被动的,甚至是麻木地听任自然。

此外,《庄子》中还有第三种得"道"的人,即庖丁、梓庆等"寓道于技"者。从"庖丁解牛"、"梓庆削木为鐻"、"轮扁斫轮"等故事中,我们可

---

① 《庄子·齐物论》。
② 《庄子·知北游》。
③ 《庄子·齐物论》。
④ 《中国哲学史》上册,第291页,中华书局,1992年。
⑤ 《庄子·大宗师》。

以看到庖丁、梓庆、轮扁都身怀绝技,而他们之所以有绝"技",是由于得"道"。

　　徐复观论述的得道的人主要是第二、第三种人。在他看来,这两种人与第一种人实质是一样的:他们"修养的过程及其功效,可以说是完全相同;梓庆由此所成就的是一个'惊犹鬼神'的乐器;而女偊由此所成就的是一个'闻道'的圣人、至人、真人、乃至神人"①。而他认为,《庄子》中的神仙和圣人、至人、真人等,是一种艺术的理想人格:"庄子所要求,所期待的圣人、至人、神人、真人,如实地说,只是人生自身的艺术化罢了。"②"庄子之所谓至人、真人、神人,可以说都是能游的人。能游的人,实即艺术精神呈现了出来的人,亦即是艺术化了的人。"③他还说:"由庄子所说的学道的工夫,与一个艺术家在创作中所用的工夫的相同,以证明学道的内容,与一个艺术家所达到的精神状态,全无二致。"④而"《庄子》书中所描写的神人、真人、至人、圣人,无不可从此一角度去加以理解"⑤。

　　这些看法,粗略地看,似乎有理,但若仔细思考,便不难发现似是而非。首先,《庄子》中这三种人的区别自不待言,不能笼而统之加以混淆;其次,像第一和第二种人那样不食人间烟火,取消是非、善恶、美丑的界限而混沌无知的境界,本质上不是艺术的境界。《庄子》消极无为的人生态度,与认识论上的极端相对主义是一致的,这与艺术化人生中的基本精

---

① 　徐复观:《中国艺术精神》,第49页。
② 　同上书,第49页。
③ 　同上书,第55页。
④ 　同上书,第47页。
⑤ 　同上书,第87页。

神,可以说完全不同。①

宗白华曾说:"人与世界接触,因关系的层次不同,可有五种境界:(1)为满足生理的物质的需要,而有功利境界;(2)因人群共存互爱的关系,而有伦理境界;(3)因人群组合互制的关系,而有政治境界;(4)因穷研物理,追求智慧,而有学术境界;(5)因欲反本归真,冥合天人,而有宗教境界。功利境界主于利,伦理境界主于爱,政治境界主于权,学术境界主于真,宗教境界主于神。但介乎后二者的中间,以宇宙人生的具体为对象,赏玩它的色相、秩序、节奏、和谐,借以窥见自我的最深心灵的反映;化实景而为虚境,创形象以为象征,使人类最高的心灵具体化、肉身化,这就是'艺术境界'。艺术境界主于美。"②宗白华这里对艺术境界与宗教境界以及其他境界的区分是有道理的。

如果说,艺术的境界是主于美的话,我认为,《庄子》中得"道"的第一种人的境界是神仙境界,也可以说是一种宗教境界;第二种人的境界,类似于气功的境界,无论如何不是艺术境界;第三种人,可以说有一种艺术

---

① 此外,徐复观把《庄子》中"心斋"、"坐忘"等同于审美的精神状态。例如,他说:"达到心斋与坐忘的历程,……正是美地观照的历程。而心斋、坐忘,正是美地观照得以成立的精神主体。也是艺术得以成立的最后根据。"(徐复观:《中国艺术精神》,第63页)为了说明这个观点,他把《庄子》的"心斋"、"坐忘"与胡塞尔现象学的"先验还原"(Epoche 中译为"悬置")相比较,认为:"现象学的归入括弧,中止判断,实近于庄子的忘知。不过,在现象学是暂时的;而在庄子则成为一往而不返的要求。因为现象学只是为知识求根据而暂时忘知;庄子则是为人生求安顿而一往忘知。""凡是进入到美地观照时的精神状态,都是中止判断以后的虚、静地精神状态,也实际是以虚静之心为观照的主体,不过,这在一般人,只能是暂时性的,庄子为了解除世法的缠缚,而以忘知忘欲,得以呈现出虚静的心斋。以心斋接物,不期然而然地便是对物作美的观照,而使物成为美地对象。因此,所以心斋之心,即是艺术精神的主体。"(同上书,第69、69—70页)徐复观这一观点为大陆很多学者接受。我认为,第一,现象学的"悬置"与《庄子》的"心斋"、"坐忘",具有根本的不同。"悬置"所达到的是"纯思","心斋"和"坐忘"所达到的是"离形去知"的"混沌";第二,二者都不能构成审美的条件。因为审美观照必须具有深厚的文化、人生和艺术经验作为基础和背景,并在审美的"当下"活动中发生作用。

② 宗白华:《美学散步》,第59页,上海人民出版社,1981年。

境界，但他们在《庄子》中根本不是最高的得"道"之人。因为他们不能无待而逍遥；也不能像第二类人那样"离形去知"。而且，这类人也不完全是一种艺术化的人生，我们只能说他们的技艺达到了艺术的境界，并非能证明他们的人生态度也是艺术的和审美的。

因此，《庄子》的理想人生和得"道"者的最高境界，不能说是艺术的精神或境界，至少不能笼统地说是艺术的精神或境界。

问题三：《庄子》有自然美的观念吗？

徐复观认为：《庄子·知北游》有"圣人者，原天地之美"，"天地有大美而不言"等语，说明《庄子》的"'美'与'理'、'全'、'纯'，都是对道术本身的陈述。因此，可以了解庄子认为道是'美'的，天地是'美'的。而这种根源之'美'是'理'，是'全'，是'纯'。美、理、全、纯，这几个概念，对庄子的思想而言，是可以换位的。……道是美，天地是美，德也是美；则由道、由天地而来的人性，当然也是美。由此，体道的人生，也应即是艺术化的人生"①。

我们上文已经论及庄子"道"的实质含义和基本特征，以及得"道"者的精神或境界特征，故"道"与美的问题与得"道"者是否艺术化的人生，已无须赘述。这里集中讨论《庄子》对于"天地"与美的观念和思想，实际上涉及的是自然美的问题。②

---

① 徐复观：《中国艺术精神》，第51页。
② 《庄子》关于"天地有大美而不言"的说法，也被大陆的一些学者引用，作为《庄子》美学思想的一个重要证据。例如，李泽厚、刘纲纪主编《中国美学史》第一卷，第242—247页，中国社会科学出版社，1984年；叶朗：《中国美学史大纲》，第111页。

研究《庄子》的人大概都会关注楚王派人请庄子做宰相的故事。《史记》和《庄子·秋水》关于这个故事的记载大致相同。故事中的庄子对使者说：

> 千金,重利也;卿相,尊位也。子独不见郊祭之牺牛乎？养食之数岁,衣以文绣,以入太庙。当是之时,虽欲为孤豚,其可得乎？子亟去,无污我。我宁游戏污渎之中以自快,无为有国者所羁。①

由此可见,在庄子看来,相对于生命来说,一切高官厚禄、名誉地位都是次要的。这些外在东西常常是以付出自由、甚至生命为代价的。只要活着,即使像猪一样在淤泥中度日也比锦衣玉食然后献祭强上百倍。这个故事对于我们理解《庄子》可谓至关重要。首先,故事的主人即是庄子本人;其次,故事表达的思想与《庄子》的主要思想是吻合的。

《庄子》的作者生活在诸侯争夺异常惨烈的战国时代。诸侯争霸的手段主要是征战。春秋时期的战争带有竞技的性质,布阵、交战都有一定的程序和原则,不设险以诈取胜,不俘虏头发斑白的老者,等等。因此,宋襄公在敌军渡河的时候不出击,就是体现了春秋时贵族式战争的遗风。但是,战国时期的战争性质和手段发生了根本变化,变成了一种野蛮残酷的大厮杀。各国改革的主要内容就是奖励耕战。商鞅在秦国改革的第一件事就是"令民为什伍",把全国变成一个军事组织。作战勇敢的军士,可以由平民直接迁升为公卿贵族。此时战争的手段已经很先进,战争的

---

① 《史记·老子韩非列传》。本文中之"庄子"与《庄子》不完全相同。《庄子》一书的作者应该是多人,而庄子则专指庄周。

规模也非常大。例如,公元前 293 年秦将白起破韩、魏联军于伊阙,斩首二十四万。公元前 260 年著名的长平之役,白起大破赵军,一次就坑降卒四十万。据统计,秦统一时全国人口约两千万,赵国人口不过三百多万。按照这个数字,这一次坑杀的人约占赵国总人口的十分之一还多,而且全部是青壮年男子! 对于赵国来说,国中青年男子大概所剩无几。孟子所说的"争地以战,杀人盈野;争城以战,杀人盈城"(《孟子·离娄上》)是当时现实社会生活的真实写照。可见大规模的杀戮司空见惯。在这样的历史时期,人们随时会遭杀身之祸。目睹如此血腥、空前的屠杀,作为思想家的《庄子》的作者,他关注的焦点就是普通人怎样能在乱世中苟全性命。①

从《庄子》的整个思想可以看出,"全生""保身"是其人生观的核心。我们阅读《庄子》,不能不考虑《庄子》作者的这样一种心态和动意。只有抓住《庄子》作者心中的这个秘密,对于其文字的含义才能有真切的把握和体悟。否则,我们只会被《庄子》中的一些风谲云诡、汪洋恣肆、表面上不着边际的议论弄得云山雾罩、晕头转向。

在这种"全生"、"保身"的人生观指导下,《庄子》教人们不要关注所谓仁义、是非之争:

　　自我观之,仁义之端,是非之涂,樊然殽乱,吾恶能知其辩!②

----

① 孟子提出反对征战的"仁政"思想,和"民为贵、社稷次之,君为轻"的民本思想,其关注点与《庄子》是相同的,只是从不同方向提出了解决时代问题的不同方案。孟子试图通过游说国君实行"仁政",以达到消除战争和杀戮;《庄子》则要求人们回避矛盾,谨慎处世,以苟全性命。就这一点可以说,孟子是积极的,《庄子》是退守的。

② 《庄子·齐物论》。

因此，"圣人议而不辩"①。此外，也不要去争辩世界上的其他事物的真假善恶。因为，这些争论往往是战乱的导火索，也常常是每个个体遭遇灾难和杀身之祸的原因。要达到这种境界，就要取消一切差别，"物无非彼，物无非是"。这就是《庄子》的"齐物"思想，即"天地与我并生，而万物与我为一"。譬如："天下莫大于秋毫之末，而大山为小；莫寿于殇子，而彭祖为夭。"

所以，像"世界究竟怎样？""自然界究竟如何？"《庄子》认为人们没有必要去关注这些问题。甚至自然界对于人的生存意义，《庄子》也没有兴趣讨论："物无非彼，物无非是"。《庄子》在哲学认识论上的这种极端相对主义，为古今学者所公认，是学界不争的事实。从这一点可以看出，至少在认识论上，《庄子》就根本没有重视和关注自然界。也可以说，在《庄子》的哲学中，自然界不是当作一个独立的认识对象而存在的。因此，关于如何认识自然界和外在自然事物，根本不是庄子所要讨论的问题。

我们知道，《庄子》告诫我们不要去争论人间社会的是非、善恶的问题，《庄子》论证了根本上就没有是非、善恶之分。现在我们又知道，《庄子》也告诫我们不要讨论"自然事物是什么"这样的问题，因为自然事物也没有什么值得去分辨的。由此我们可以推论：如果说，《庄子》连"自然界是什么"这样的问题都没有关注的话，怎么可能去关注自然界的美与丑的问题呢？

基于对自然界的这种本质观念，《庄子》确实也根本没有关注自然界的美和丑。在《庄子》中居于最高地位的"道"，被认为无所不在。"道"

---

① 《庄子·齐物论》。

不仅存在于灿烂的日月星辰、雄壮的山川、奔腾的河流、还有美丽的鲜花小草、鸟兽鱼虫等人类喜欢的、被认为是美事物中,同样也存在于"蚁蝼"、"稊稗"、"瓦甓"、"屎溺"等人类不喜欢、甚至极其反感、厌恶的所谓丑的事物中。这就是庄子所谓:"举莛与楹,厉与西施,恢诡谲怪,道通为一。"①《庄子》同样运用它的诡辩和机智,来证明自然界的事物根本就无所谓美与丑:"毛嫱丽姬,人之所美也;鱼见之深入,鸟见之高飞,麋鹿见之决骤。四者孰知天下之正色哉?"在《庄子》看来,人们不需要关注自然世界的这些美和丑的问题。我们也知道,《庄子》理想的人格,与美丑都是没有关系的。《庄子》中很多人物,在生理上都是有缺陷的人,例如"跂者"、"佝偻丈人"等。还应该提到的是,《庄子》所说的"大美",并不等同于"美"。因为,《老子》中的"大象"实质上是"非象","大音"也不是"音",由此推论,"大美"至少不能简单等同于"美"。

所以,我认为,在《庄子》的视野中,作为一个哲学问题的自然美的问题,是不存在的。而把《庄子》的"道"与美扯到一起,有悖于《庄子》的基本思想和观念。② 把《庄子》的一些个别、零星的句子串联起来,游离《庄子》全书的根本思想,得出所谓庄子关于自然美的结论,实在是只见树木,不见森林。

从以上论述可以看出,美不是《庄子》所宣扬和赞赏的东西,中国艺术的精神与《庄子》的思想和境界也不能简单等同。③ 因此,徐复观由此来论证《庄子》与中国艺术精神的关系,其论点和逻辑都是不能成立的。

---

① 《庄子·齐物论》。

② 《庄子》各篇的作者不同,这是学界的共识,这也是《庄子》中出现思想、语言和语义上矛盾的一个原因。故应该对现存《庄子》的所有文字有所区别,把握其基本思想进行论述。

③ 《老子》说过:"大音希声,大象无形",是肯定一种最高的美,在这一点上与《庄子》不同。

但是,我们作这样论证,并非完全否认《庄子》乃至道家思想对中国艺术精神产生的深刻影响。应该说,徐复观所认为中国艺术中"虚"、"静"的精神和境界来源于《庄子》,是一个非常重要的见解和观点。只是徐复观在提出问题之后,逻辑和思维游离了主题,论述本身过于直接、简单,有些则十分牵强。甚至可以说,徐复观著作的逻辑混乱,几乎掩盖了其中一些非常有价值的思想。

此外,徐复观还忽略了《庄子》与中国艺术的一个重要中介——魏晋玄学。① 在郭象的哲学中,《庄子》思想得到一次根本的改造和转换。这并非意味郭象哲学比《庄子》深刻,而是指郭象对《庄子》的改造活动而言。故有"曾见郭象注庄子,识者云:却是庄子注郭象"之说。② 这些都是讨论中国艺术精神所必须涉及的问题,必须浓墨重彩,不能蜻蜓点水,一笔带过。这当然又是一个重大的话题了。③

(原载《北京大学学报》2000 年第二期,标题和内容略有删改)

----

① 当然,徐复观也提到玄学:"由老学庄学所演变出来的魏晋玄学,它的真实内容与结果,乃是艺术性的生活和艺术上的成就。历史中的大画家,大画论家,他们所达到,所把握到的精神境界,常不期然的都是庄学,玄学的境界。"并认为:"假定谈中国艺术而拒绝玄的心灵状态,那等于研究一座建筑物而只肯在建筑物的大门口徘徊,再不肯进到门内,更不肯探讨原来的设计图案一样。"(徐复观:《中国艺术精神》,第 3、5 页。)但是,他的全书主要是论述庄子与中国艺术的关系的。比如从道与技、虚静、游等方面来阐述庄子对中国艺术内在精神的影响。

② 《大慧普觉禅师语录》卷二十二。引自冯友兰:《中国哲学简史》,第 17 页,北京大学出版社,1995 年。

③ 可参见拙著《论魏晋自然观——中国艺术自觉的哲学考察》,北京大学出版社,2000 年。

九　"政治天文学"之说能否成立?

——与江晓原先生商榷兼谈古代天文学向占星学的转折

江晓原先生《占星学与传统文化》一书,从占星学角度对中国古代天文学进行了基本梳理,在结论部分专设"政治天文学"一章,提出了"政治天文学"的新观点。他说:"'政治天文学'是笔者提出的一个新概念,旨在由此说明中国古代天文及占星学的政治、文化功能,及其性质和地位。"按照这个说法,"政治天文学"似乎是包括中国古代天文学和占星学。不过,作者又说:"观天象,求天意,惧天谴,在古代中国,天文-占星学正是通过这些活动和思想,对政治的运作施以非常大的影响。"①这里"天文-占星学"表达的含义是中国古代天文学和占星学是一体的。不仅如此,作者还展开了论述:

　　诚如《汉书·艺文志》数术略"天文"类下所言:"天文者,序二十八宿,步五星日月,以纪吉凶之象,圣王所以参政也。"这里"天文"的性质判然可见,不折不扣,即今人所谓之占星学也。而与"农业生产"之类扯不上任何关系。历代官史中的《天文志》,皆为典型的占星学文献,这类文献最早的,在《史记》中名为《天官书》,天官者,天上星官所呈之象,即天象,尤见"天文"一词之原初遗意。今人用"天文"去对译西方 astronomy 一词,其实是大违"天文"的中文本意的。想像一下,大学的"天文系",按照中文的本义是应该理解为"占星学

---

①　江晓原:《占星学与传统文化》,第 193 、207 页,广西师范大学出版社 2004 年。

系"的,这多么荒唐可笑!①

作者通过追溯汉语"天文"一词的原义,试图用占星学的含义来指代整个中国古代天文学,并特别强调这样的天文学与"农业生产"没有关系。在这一章的结尾部分,作者还用黑体字加着重号写道:

天文—星占—历法是古代中国统治阶级最重要的通天手段,在进入文明时代后尤其如此。②

中国古代历法也被江晓原先生视为与占星学一体。

虽然江晓原先生对于"政治天文学"的界定有点模糊,但还是看出,江晓原先生意在说明中国古代的天文学实质就是占星学,与农业生产毫无关系。如果江晓原先生的"政治天文学"意旨在此,那么就会涉及几个问题:第一,中国古代天文学与农业生产是否有关系? 第二,中国古代天文学是否完全是占星学? 第三,如果不是,中国古代天文学与占星学是什么关系? 第四,中国古代历法是否等同占星学?

本文就此展开讨论,并希望得到江晓原先生和方家指正。

1.《夏小正》与《诗经·豳风·七月》不是"政治天文学"

《汉书·艺文志》的确用占星学思想来解释"天文"一词的含义,《史

---

① 江晓原:《占星学与传统文化》,第 193—194 页。
② 同上书,第 222 页。

记·天官书》和《汉书·天文志》的基本内容确实是占星学,但是,不能由此断言《史记》、《汉书》之前的中国天文学也是占星学。

先看看现存可靠的、具有代表性的上古天文学资料:《夏小正》与《诗经·豳风·七月》。

《夏小正》现存大戴《礼记》中,《隋书·经籍志》首次单行著录,注明戴德撰写,别出当在齐梁间。全书 463 字,文字古奥,错乱残缺不可避免。《四库全书总目提要》云:"《小正》文句简奥,尤不易读。"现存戴德的《传》可以在一定程度上帮助我们理解。在很长时间里人们忽视《夏小正》的价值。① 而《夏小正》中具有夏代天文历法资料,这一观点基本上已被学界承认。

孔子曾主张"行夏之时,乘殷之辂,服周之冕"(《论语·卫灵公》)。"行夏之时"就是行夏代历法。《竹书纪年》语云:"帝禹夏后氏元年壬子,帝即位居冀,颁夏时于邦国。"这说明有一种"夏时"即夏历存在并流传。此外,甲骨卜辞属于商代中后期,虽然没有明确农事季节的名称,但对于年月日与农事关系的记录描述已经相当精确,并且相当稳定。可以推论,在这种比较成型的历法之前应该有一种更原始、更简易的历法。夏历的存在应该是不容置疑的。

《礼记·礼运》记载:"孔子曰:我欲观夏道,是故之杞,而不足徵也,吾得夏时焉。"郑玄注:"得夏四时之书也。其存者有《小正》。"《史记·夏本纪》云:"孔子正夏时,学者多传《夏小正》云。"中国天文学史学权威

---

① 据沈文倬先生研究,自汉至宋,《夏小正》只有卢辩的注。宋代有傅崧卿和金履祥的注释,清代形成整理《夏小正》为研究天文学、动植物的专门科学,先后有二十多家。校勘以卢文弨、黄丕烈、孙星衍、叶大壮最著名,注释有诸锦的《夏小正诂》、孔广森的《夏小正补注》、毕沅的《夏小正考注》、王聘珍的《夏小正解诂》、朱骏声的《夏小正补传》、王筠的《夏小正正义》等。(见沈文倬:《菿闇文存》,第 1001—1002 页,商务印书馆 2006 年。)

陈遵妫先生说:"《夏小正》相传是夏代的历法。……尽管这书作于西周至春秋末叶之间,也可能为春秋前期杞国人所作或春秋时居住在夏代领域沿用夏时者所作,但其中一部分确信是夏代流传下来的。"他认为,《夏小正》根据天象、物候、草木、鸟兽等自然现象,定季节、月份,还记有各月昏旦伏见南中的星象,并指明了初昏斗柄方向和时令的关系,这可能是后代每月斗建的起源。① 当代专治"三礼"的沈文倬先生认为,杞国是夏后裔,夏代的历法在传说中保留一些下来,到春秋时始被录成书,这是可能的,《夏小正》很可能保留了一些夏代的历法材料。因此,他说:"《夏小正》一书(就其经文言)应与《尚书》《诗经》一样,看做是我国最古的文献资料之一。""只要有部分真实,仍不先为研究夏后氏的重要材料。"②李学勤先生也认为,由戴德最后编订的《夏小正》极可能依据夏代传下的历法。他说:"可见从晚周到汉代,人们都认为《夏小正》确与夏代有关。学者认为《夏小正》是我国现存最早的,具有丰富物候知识的著作,是合乎实际的。……其经文不会像一些学者所说的晚到战国时期。"③

先让我们节录其中一个月,直观地了解一下《夏小正》:

> 三月:参则伏。摄桑。委杨。羝羊。毂则鸣。颁冰。采识。妾子始蚕,执养宫事。祈麦实。越有小旱。田鼠化为鴽。拂桐芭。鸣鸠。④

---

① 陈遵妫:《中国天文学史》第一册,第 200 页,上海人民出版社 1980 年。
② 沈文倬:《菿闇文存》,第 1002 页。
③ 李学勤:《夏小正新证》,《古文献丛论》,第 212、222 页,上海远东出版社 1996 年。詹子庆先生说:《夏小正》是"我国现存的一部最古老的月令。它是按十二月顺序,详细地记载了大自然包括天上星宿、大地生物和与之相应发生的变化,形象地反映了上古先民对时令气候的认识。"(见詹子庆:《夏史与夏代文明》,第 32—33 页,上海科学技术文献出版社 2007 年。)
④ 王聘珍:《大戴礼记解诂》《夏小正》第四十七,中华书局 1983 年。张汝舟《二毋室古代天文历法论丛》引文中无"执养宫事",浙江古籍出版社 1987 年。

其中内容包括：天象（参则伏）、物候（摄桑、委杨、鸣鸠等）、气象（越有小旱）、农事（采识、妾子始蚕、祈麦实）、政事（颁冰）。

可见《夏小正》描绘了四季日月星辰的运行，并把天候物象与农业生产联系起来，通告什么时候适宜和不适宜各种农业工作，与农政相关，像是农书。这一点正是它的主要内容和目的。清代学者王筠解释《夏小正》的"正"字，以为是"政之古文，非正朔之正"。[①] 而这一切与占星学即"政治天文学"无关。

与天文学相关的上古代表性文献还有《诗经·豳风·七月》：

> 七月流火，
>
> 八月萑苇，
>
> 蚕月条桑，
>
> 取彼斧斨。
>
> 以伐远扬，
>
> 猗彼女桑。
>
> 七月鸣鵙，
>
> 八月载绩。
>
> ……

---

① 见沈文倬：《菿闇文存》，第 1001—1002 页。当代学者在我国哈尼族的调查中发现了一种普遍流行的"十二月生产调"，"内容或简或繁，大体包括月份名称、各月的自然现象、农事经验、宗教活动等等。实际上起了生产百科全书的作用。在有些民族中几乎人人会说会唱。……这种生产调可以说是一种口头的历书。它给我们一个启示，大约整理成书于春秋的《夏小正》即由上古时代的十二月生产调脱胎而来。"（邵望平、卢央：《天文学起源初探》，见《中国天文学史文集》第二集，第 7—8 页，科学出版社 1981 年）

五月斯螽动股，

六月莎鸡振羽。

七月在野，

八月在宇，

九月在户，

十月蟋蟀入我床下。（《七月》节选）

　　作为中国最早的一部诗歌总结，《诗经》不仅是诗歌史和文学史的宝藏，也是社会学和思想史的宝藏。现代学者一般认为《豳风·七月》的产生年代大约是西周初期，即公刘处豳时期。① 这首民歌，不仅描述了一年之中星辰运行的天象，记述了天象与季节农时的关系，几乎说到每个月具体的农事，还描述了劳动者生动鲜活的思想情感，包括春日里的欢快、秋收的喜悦、酒宴上的欢庆、肃穆的祭祀活动以及对于统治者的抱怨和无奈，是我们见到的最早的描述关于季节与农耕生活的可信文献。但它只是素朴地描写四季天象、物候和农家生活，还没有涉及神道、声律、臭味、政事、颜色等。因此，《诗经·豳风·七月》与占星学即"政治天文学"也是无关的。

2. 为什么中国上古天文学不是"政治天文学"？

　　《夏小正》、《诗经·豳风·七月》为什么没有占星学的内容？这与中

---

　　① 参见《汉书·地理志》："公刘处豳，……故豳诗言农桑衣食之本甚备。"颜师古注："谓《七月》之诗。"

国上古社会的文明特征相关。

现代考古学证明,中国大约在一万多年前就出现了农业。① 这种早熟的农耕文明无疑是决定早期中国天文学形态的根本因素。就像古代埃及人根据尼罗河水的涨落来决定天文历法一样,中国原发形态的农耕文明决定我们的先人必然由"观象授时"来制定历法。② 中国上古天文学的目的就是为农业生产服务,这是中国古代天文学的一个本质特征。对此,对中国古代天文历法有精深研究的张汝舟先生说得很明确:

> 中国古代"天文"与"历法"是一回事,它的对象虽也是天文,这与西方天文学是一致的,但观察的目的却是"观象授时",这与西方天文学又有所不同了。两者不应混淆,混淆是有害的。③

现存的中国早期天象资料可以清楚地说明这一点。

《诗·豳风·七月》起首句:"七月流火"。"火"指大火星,后来被称为心宿二,现在通称为天蝎座 α 星。此句意为:在七月的黄昏时,大火星开始由南偏西向下降行。它不仅表明当时人们认识大火星,还表明这个星与日常生活密切相关。④《夏小正》则把天象与农耕生活更直接结合起

---

① 详见袁行霈等主编:《中华文明史》第一卷,第31—34页,北京大学出版社 2006 年。

② 古代人们传说关于"观象授时"的历史是从三皇五帝开始的。《史记·历书》云:"黄帝考定星历,建立五行,起消息,正闰余,于是有天地神祇物类之官"。《尚书·尧典》云:帝尧"乃命羲和,钦若昊天,历象日月星辰,敬授人时。"

③ 张汝舟:《二毋室古代天文历法论丛》,第13页。

④ 张汝舟先生发现中国上古天文学中的几个概念"中"、"流"、"伏"、"内(入、纳)",表明不同月份中星宿在天际显示的不同位置和状态。例如:"昏火中"(《月令》六月记),"流火"(《诗经·七月》),"辰则伏"(《夏小正》八月记),"内火"(《夏小正》九月记)。(见《二毋室古代天文历法论丛》,第16页。)

来。例如,《夏小正》:"五月,初昏大火中,种黍菽糜。"①如果说《豳风·七月》只是一种民间歌谣,吟唱先民日出而作、日落而息的农耕生活,那么,《夏小正》就是一种历书的雏形,用来指导先民的日常生活。上古先民在描述天象和星辰的时候,总是与农耕生活内容相关的。农耕生活决定着当时的天文学内容和性质,或者说决定着当时人们的宇宙观。《左传》昭公十七年记梓慎言曰:"夏数得天"。《逸周书·周月解》亦云:"夏数得天,百王所同。"说明夏历比较适合农时、符合天象。

由于中原地区四季分明,古人最早注意的天象,除了日月风雷雨雪,最早观测的星大概是北斗七星,也有人说是红色亮星大火。传说颛顼、尧时就有火正,负责观测大火,指导农事。② 据推算,公元前 2400 年左右,黄昏时在地平线上见到大火,正是春分前后的播种季节。此后白昼越来越长,进入农忙季节。③ 殷商武丁时期,初昏大火星在正南方的时间是仲夏之月,这与《尚书·尧典》记载的"日永星火,以正仲夏"是一致的。④说明大火星的观测历史远在上古。

夏代可能用立杆测影法来计量年月日。昼夜变化成日,寒暑变化成

---

① 后人考察《夏小正》的说法符合农事规律。宋黍升《〈夏小正〉笺疏》曰:"五月中气黄道日躔柳十六度九分,昏之中星,当距日一百七度,日距心前一百一度二十分,故大火中。心中,种黍菽糜时也。……《尚书·考灵曜》云:'主夏者,心星昏中,可以种黍'是也。又言菽者,《尚书·大传》云:'主夏者,火星中,可以种黍菽。'又言糜者,《开元占经》引《神农书》云:'大岁在四仲夏至,可以种糜。'此正夏至种糜之据也。"(转引自沈文倬:《菿闇文存》,第1001—1002页。)

② 《国语·楚语》:"颛顼受之,乃命南正重司天以属神,命火正黎司地以属民。"《史记·历书》有同样记述。《左传》襄公九年:"陶唐氏之火正阏伯居商丘,祀大火,而火纪时焉。"陶唐氏即帝尧,"火正"就是观测大火星的官员,说明帝尧时已有历象天文"观象授时"的官员。比较可靠的是夏商周三代都设有天文官员。西周称冯相氏、保章氏,还有执掌漏壶的挈壶氏。

③ 中国天文学史整理小组编著:《中国天文学史》,第10页,科学出版社1981年。

④ 见常玉芝:《殷商历法研究》,第403页。

年。冬至后两月为孟春,作一年之始。干支记日一轮正好两个月。[①]《夏小正》中有十二月,节气有启蛰(惊蛰)、夏至、冬至,不仅对农业和物候关系观察十分仔细,而且《夏小正》正月记"越有小旱",四月记"越有大旱",七月记"时有霖雨",已经把直接影响农作物生长的重大气象情况记述出来。《国语·周语中》云:"《夏令》曰:'九月除道,十月成梁。'"表明夏代历法与人们农业生产生活的密切关系。有人认为,《夏小正》产生的时代,正处于自然历(以观测物候定农时)向观象授时(以观测天象确定农时)的过渡阶段。[②] 在这个阶段,古人用肉眼观测容易见到的参、大火、北斗、织女等星象,看它们于日出日落后前后在天空的方位,来确定月份和季节,再参照气象、自然景物和物象来制定历法。例如,《夏小正》载:"正月,鞠则见,初昏参中,斗柄悬在下。"在黄昏时看到参星正好在正南方的上空,北斗的斗柄又指在正下方,就可以知道这是正月了,将月份与具体天象联系起来。

殷商时代,现存殷墟甲骨文中有月、日、年字,甲骨卜辞每条都记有日期。记日用干支,甲骨文中有完整的干支表。[③] 甲骨文中有连续 10 天的气象记录,为当时世界之最。卜辞中有对风雨、阴晴、雷、霾、雪、虹、霞的记载,其中关于风有分大风、小风、大骤风、大狂风的不同,而卜雨的卜辞数量最多,据统计共有 344 条。[④] 除"雨"、"乃雨"、"亦雨"、"帝令雨"、

---

① 见殷玮璋 曹淑琴:《中国远古暨三代科技史》,第 95 页,人民出版社 1994 年。

② 中国天文学史整理研究小组编著:《中国天文学史》,第 3 页,科学出版社 1981 年。

③ 可能盘庚迁殷(约前 1300 年)之前已经采用干支纪日。《春秋》记载的第一次日食发生在鲁隐公三年(前 720 年)二月己巳日,这次日食已被证实,日期准确。由此证明从春秋一直到清宣统三年,干支纪日 2600 余年,没有一日差错。天干地支的起源,有学者认为天干与羲和生十个太阳有关,地支与常羲生了十二个月亮有关神话。(见黄金贵主编:《中国古代文化会要》,第 65 页,西泠印社出版社 2007 年。)

④ 见常玉芝:《殷商历法研究》,第 386 页,吉林文史出版社 1998 年。

"不雨"等,也有"大雨"、"多雨"之分。另外,殷墟甲骨中有不少卜辞卜问"旱"的情况,还有大量卜问"立黍"(商王是否要亲自莅临视察种黍或种黍)、"受(帝授)年(成)"、"受禾"、"保(帝保佑)年"等卜辞,以及大量关于耕耘、收割、节气与农事活动的卜辞。① 根据常玉芝的研究,"殷人将一年分为春、秋两季。春季相当于殷历的十月到三月,即夏历的二月到七月,即农作物的播种、生长时期;秋季相当于殷历的四月到九月,即夏历的八月到一月,即农作物的收获时期。"据此,"气象卜辞证明殷历岁末岁首的交接是在夏季;殷历的岁首一月是种黍和收麦之月,即相当于夏历五月;殷人以'大火'(即心宿二)昏见南中的夏历五月为岁首,即殷正建午。但由于殷人尚处在观象授时的历史阶段,还没有掌握置闰的规律,或是建巳,或是建未"②。可见,殷代历法是以与农作物的生长、收获季节相符合为依据的。

一般认为,《尚书·尧典》关于四仲中星的说法与二分二至相关。《尧典》曰:"日中星鸟,以殷仲春;日永星火,以正仲夏;宵中星虚,以殷仲秋;日短星昴,以正仲冬。"这里的仲春、仲夏、仲秋、仲冬,即是春分、夏至、秋分、冬至。就是说,在黄昏时候,星鸟(心宿一)正好出现在南方中天,就是春分,这时昼夜长度相等;大火(心宿二)出现于南方中天就是夏

---

① 例如:"贞:帝不降大旱。九月。"(《合集》10167)"月一正曰食麦。"(《合集》24440)(见常玉芝:《殷商历法研究》,第409—422页。)

② 常玉芝:《殷商历法研究》,第425—426页。她的结论也完全证明了关于夏代建寅、商代建丑、周代建子的"三正说"只是汉儒的臆造,纯属子虚乌有。杨向奎先生的研究也表明,商代历法的岁首实际上是不固定的。他说:"我国早期历法中,虽然季节月名有基本固定的关系,但岁首有一定的摆动。因此认为:商代历法的岁首很可能在主要农作物收获前后的秋季,即建申、建酉,含今立秋至寒露、霜降三个月中,这不仅符合武丁纪月的月食考订,也能解释许多纪月与季节有密切关系的农事、气象卜辞。"(杨向奎:《宗周社会与礼乐文明》,第244页。人民出版社1997年。)张汝舟先生经过对比,发现《夏小正》、《诗经·七月》、和《月令》皆用殷正,《尚书·尧典》用的是夏正。(见《二毋室古代天文历法论丛》,第597—598页。)

至,这时白昼时间最长;虚(虚宿一)出现于南方中天则为秋分,这时昼夜长度相等;昴出现于南方中天则为冬至,这时白昼时间最短。用四组恒星黄昏时在正南方天空的出现来规定季节,而且知道这四气在仲春、仲夏、仲秋、仲冬月份之中,这种知识最晚在商代末期形成。因为甲骨文中就有用来描绘春天南方中天初昏时天象的鸟星。这大概是古人春夏秋冬四季星象的最早思想。①《尚书·尧典》:"朞三百有六旬有六日,以闰月定四时成岁。"表明一年366日、"四时成岁"以及闰月的概念已经十分明确。

西周不仅对年月日有明确区分,还用十二地支来计时,把一天分为十二个时辰。大概在周以前就发明了计时的仪器漏壶。《诗经》有很多诗篇将星辰的出没与季节变化和农业生产生活结合起来,例如《豳风·七月》、《召南·小星》、《陈风·东门之杨》、《唐风·绸缪》、《郑风·女曰鸡鸣》等。周人对于月亮盈亏变化规律的认识也相当清楚,用"初吉"、"既生霸"、"既望"、"既死霸"来描述月相。有关月相记录的甲古和青铜铭文很多,例如牧簋铭文:"七年三月既生霸甲寅"。周代已经发明了用圭测影的方法,能确定冬至(正午日影最长)和夏至(正午日影最短)。此前只

---

① 中国天文学史整理小组编著:《中国天文学史》,第11页。也有人认为"日中"、"日永"、"宵中"、"日短"指二分二至。(见徐传武:《中国古代天文历法》,第50页,山东教育出版社1996年。)有学者认为:"战国秦汉间的四季仲月初昏中星,据《礼记·月令》与《吕氏春秋》记载,是孤矢、亢宿、牛宿、壁宿。这是战国秦汉间的天文历法现象,当时人抬头即见,容不得任何人作伪。而《尧典》四中星却是星宿、大火、虚宿、昴宿,它与战国秦汉四中星相比,各星向西后退了大约三十度。……中间就要经过2152.5年,这正是帝尧到战国秦汉之间的年数。由此可知,《尧典》中的历法材料,一定就是当时的历法天文材料,而不是战国秦汉人的作伪。"(郑慧生:《星学宝典——天官历书与中国文化》,第24页,河南大学出版社1998年。)竺可桢曾认为《尧典》四仲中星是殷末周初时候的天象。还有人认为四仲中星是公元前2100年左右的天象。(见江晓原《占星学与传统文化》,第58—59页。)据《左传》记载,我国最早的冬至时刻的测定,是在春秋时代鲁僖公五年(前655年)正月辛亥,和鲁昭公二十年(前522年)二月己丑两次。是用圭表测定的。(申先甲:《中国春秋战国科技史》,第82页,人民出版社1993年。)

能利用昏旦中星以及北斗的斗柄指向来定季节,这说明人们已经进入观象授时的阶段,能够将太阳的周年视运动与星空背景直接联系起来,认识回归年的精确长度,准确制定二分二至等重要节气。

周代的历法还能够定出朔日。《诗经·小雅·十月之交》:"十月之交,朔日辛卯,日有食之,亦孔之丑……"据推算这一天是周幽王六年十月初一,这是我国第一次明确记载日食的记录。周代还渐渐发现了二十八宿,即是把沿着天球赤道和黄道附近的星象划分为 28 个部分,是由间接参酌月亮在天空的位置来推定太阳的位置而设立的。因为星象在四季出没的早晚是不同的,反映了太阳在天空的运动,于是就可以通过测定月亮的位置以推断太阳在星宿中的位置,从而确定一年的季节。①

春秋时期,人们发现木星约十二年(实际 11.8 年)绕天一周,便以木星每年所在的位置纪年,称岁星纪年(因此称木星为"岁星",又名摄提、

---

① 二十八宿的说法西周时期还没有完善。现已证明这个体系至迟是在战国早期完善起来的。(参见《二毋室古代天文历法论丛》,第 16 页。)其中部分星宿名称在《诗经》和《夏小正》中有记载。《周礼》中的《春官》、《秋官》中都有二十八宿之说。到《吕氏春秋·有始》才最早给出了自角至轸的全部名称。竺可桢、钱宝琮、夏鼐认为,建立二十八宿的目的是为观测月亮运动。正如《吕氏春秋·圜道》所言:"月躔二十八宿,轸与角属,圆道也。月行于天,约二十七日又三分之一天而一周,约日旅一星,经二十七日余而复抵原星,故二十八为宿舍之数,以记月亮所在位置。"中国、印度、阿拉伯、巴比伦古代都有二十八宿之说。陈遵妫和日本学者新城新藏认为中国起源最早,与四季相关。新城新藏说:"二十八宿是在中国周初或更早的时代所设定,而在春秋中期以后自中国传出,经由中亚细亚传于印度,更传入波斯、阿拉伯等地方。"印度古代分冬春夏雨秋露六季,现在还分寒暑雨三季,与二十八宿不配合。根据岁差的计算表明,距今 3500 年之前,冬至在虚,夏至在星(七星),春分在昴,秋分在房,天球赤道正好与二十八宿中大部分星宿的位置相符合,即二十八宿大部分处于赤道附近。后汉时代,我国黄道坐标概念才得以形成。(见申先甲:《中国春秋战国科技史》,第 70 页,人民出版社 1993年。)

重华、应星、纪星)。① 后来又用太岁纪年,即假想一个与木星运行速度相等、方向相反的行星"太岁",以它每年所在的位置纪年。② 《左传》僖公五年记载僖公于冬至那天登台观看云色,并说当时"凡分、至、启、闭,必书云物,为备故也。"分是春分、秋分,至是夏至、冬至,启是立春、立夏,闭是立秋、立冬,说明当时已经知道这八个节气了。《吕氏春秋·十二纪》明确在孟春、仲春、孟夏、仲夏、孟秋、仲秋、孟冬、仲冬八个月中,分别安插立春、日夜分、立夏、日长至、立秋、日夜分、立冬、日短至这八个节气,这是每年二十四节气中最重要的八个节气。春秋后期出现了四分历,回归年的长度为365.25日,并用19年7闰为闰周。这是世界上当时最精确的历法。③

在这样的情况下,中国历法中的二十四节气的产生应是水到渠成。第一次把二十四节气全部列出是《淮南子·天文训》(公元139年),次序与今天完全一致。但这不是最早的文本,因为《吕氏春秋》已有二十四节气的大部分名称,战国古六历包含了节气概念,秦统一时制定的颛顼历把历元定在立春,也证明二十四节气产生在秦统一之前。此外,《夏小正》中节气有启蛰(惊蛰)、夏至、冬至。《逸周书·时训解》记二十四节气,次序与今亦完全相同。这些可以说明,它的出现远在汉代之先。④

二十四节气,即从冬至日开始,将一回归年等分为二十四分,以反映

---

① 金木水火土五星中最先被人们认识的是木星。可能与它在一年中被人们看到的时间很长而且明亮有关。有人认为:大约在公元前20世纪以前,人们就知道木星是颗行星,12年绕天一周。周初已经用推算木星的位置来占卜。(见申先甲:《中国春秋战国科技史》,第74页。)用木星进行占卜是巫术,与后来的占星学具有本质的不同。占星术也不同于古代的天地日月之神的崇拜,与这些祭祀活动有根本区别。

② 东汉建武三十年(54年)以后用干支纪年。(见黄金贵主编:《中国古代文化会要》,第65页,西泠印社出版社2007年。)

③ 中国天文学史整理小组编著:《中国天文学史》,第23页。

④ 参见白寿彝总主编:《中国通史》第三卷上册,第583页,上海人民出版社1994年。

太阳在黄道上视运动的二十四个特定位置,从而反映出气候变化的情况。这是根据太阳的运行变化制定的,与月亮运行无关。这种特殊的历法,不仅表明古人观测天体视野的广阔,更重要的是反映了农业生产在古人心中的优先地位。因为,二十四节气最根本的用处和意义是在农业生产方面。二十四节气是上古中国历法思想最典型、最集中的体现。中国早期的天文学思想,包括宇宙观和哲学意识也就自然生长于其中。

正因为如此,明末清初的顾炎武《日知录》云:"三代以上,人人皆知天文。'七月流火',农夫之辞也;'三星在户'妇人之语也;'月离于毕',戍卒之作也;'龙尾伏辰',儿童之谣也。"中国早期历法的这种根本性质贯穿在整个中国古代社会,同时也决定了古代任何帝王在试图通过历法强调自己的统治理念时,也不能无视这种根本性质。① 因此,江晓原先生把"天文—星占—历法"简单串联起来,统一归结到"政治天文学"中去,也是有失偏颇的。上述这些天文历法学内容基本上不是占星学,即不是"政治天文学"。

---

① 上古重农思想与皇权意识在历法中似乎是一体的。许倬云先生认为:"古代文献资料中,'藉'是与农业有关的行事,其来源可能甚早。《夏小正》中的藉,列在正月,可算是农事之始。""藉"也见于金文铭辞中。《国语·周语》有王室藉礼的详细说明:"在立春前九日,太史即当将时令报告农稷官,庶几周王及有关臣工,都及时筹备藉礼。立春前五日,'瞽'(⋯⋯)感觉春风微动了,周王必须住入斋宫,君臣都斋戒三日。到了立春那天,先举行祭礼,然后在稷、膳夫及农正的赞襄,太史引导周王在'千亩'行藉礼。'王耕一(土发),班三之,庶民终于千亩',象征周王与公卿都亲自参与耕作。藉的收获,存储在专用的神仓,作为祭祀之用。藉礼之日,也举行飨礼,上下都共享酒食。'毕,宰夫陈飨,膳宰监之,膳夫赞王,王歆大牢,班尝之,庶人终食'。"另,《诗经·七月》"三之日于耜,四之日举趾"可能不仅记载单纯下田工作,也可能指涉初耕的仪礼。最后的"跻彼公堂"就是祭祀和飨礼。(参见许倬云:《西周史》,第284、283页,三联书店2001年。)《诗经》中《小雅·甫田》、《小雅·大田》、《周颂·载芟》、《周颂·良耜》、《周颂·臣工》、《周颂·噫嘻》都描写田间生活,包括王公大臣。统治者不仅认识到不违农时,而且在农忙时候采取措施保护耕作,不兴土工,不作师旅,庶民"不冠弁、娶妻、嫁女、享祀"等。(参见《吕氏春秋·上农》,白寿彝:《中国通史》,第594页。)占星学出现以后这种思想有了改变,比较一下可以看出其中的变化。

3. 为什么《史记·天官书》、《汉书·天文志》成为占星学？

中国上古天文学的主要目的是指导农耕生活，为什么后来成为占星学？

如果说中国上古天文学的目的是为农耕生活服务，即"治历明时"，而占星学是与帝王统治的合法性相关的，主要功能是"占星祈禳"。关于中国古代占星学的出现及其形成，是一个涉及中国上古思想史和学术史的重大问题。中国天文学史学界的权威们对于这个问题一直没有明确的界说，他们没有像江晓原先生那样完全否定中国古代天文学的存在，但很多学者却把中国上古天文学与占星学笼统地混淆一起。① 我认为，厘清

---

① 陈遵妫先生说："我国大概在商代以前，占星术就已经萌芽了。由于奴隶主阶级的提倡，占星术得到了迅速发展，商代的许多甲骨片就是占卜用的，其中有不少天象纪事，正是占星术发达的证明。古代史籍中常见的巫咸就是商代著名的占星家。到了周代，占星术不仅为统治阶级所把持，而且明显地在为其服务了。春秋时代占星术更为盛行，从《左传》及《国语》的记载，可以看到占星术在公元前七世纪及公元前六世纪的兴旺景象。占星术的基本内容是，凭着那时看来是反常或变异的天象，预言帝王或整个国家的休咎以及地面上灾祸的出现，从而尽了提出警告的责任，使之预先有所警戒或准备。"（陈遵妫：《中国天文学史》第一册，第 194 页。）其实，甲骨文中的用甲骨占卜与占风雨雷电一样，纳入的是一个龟占的系统，与占星学是两回事。另一部权威的《中国天文学史》（中国天文学史整理小组编著，科学出版社 1981 年出版）则笼统地认为中国占星学出现于阶级社会："到了阶级社会，原始迷信和神话传说的成份却变成相当细致的占星学。"（该书第 3 页。）冯时先生说："东西方的天文学在尚未摆脱神学影响的时代，都或多或少地染上了占星术的色彩。西方的占星术……认为，日月众星对人体具有的某种作用，如同铁在磁场中受到磁力作用一样，而中国人则更相信天人感应和天人相通，……因此，中国的占星术并不像西方那样完全根据人出生时日月五星在星空中的位置来预卜人的一生命运，而是把各种奇异天象看做是天对人间祸福吉凶发出的吉兆和警告。显然，中国的占星术更多地为统治阶级所利用，这与中国天文学官营特点是密切相关的。"（冯时：《中国天文考古学》，第 69 页。社会科学文献出版社，2001 年。）另外，陈久金编著的《天文学简史》（科学出版社 1985 年出版）、郑文光的《中国天文学源流》（科学出版社 1979 年出版）、陈久金、杨怡的《中国古代的天文与历法》（商务印书馆 1998 年出版）以及《中国天文学简史》编写组编写的《中国天文学简史》（天津科学技术出版社 1979 年出版）等都没有对此进行清晰地界说。

这个问题对于推进本领域的学术研究是十分必要的。

根据我的探讨,中国上古天文学转变为占星学,大约以战国时期邹衍阴阳五行学说的出现为标志。囿于学养和才力,我这里只能提出一个初步的看法。

农业文明出现之前,在远古人类的渔猎和采集生活中,日月星辰只有纪日和标识方向的功能。仰韶文明的彩陶上就有太阳纹、月亮纹、日晕纹、星座纹。半坡遗址中的房屋都有一定的朝向。到了农耕社会,太阳比月亮和其他星辰对于生活就更重要了。山东大汶口遗址出土 5800 年前的彩陶上刻有"旦"字的图案,意味着太阳的升起。《山海经·大荒西经》说帝俊妻子常羲"生月十二",《山海经·海外东经》说"汤谷上有扶桑,十日所浴……九日居下枝,一日居上枝",可以解释为十二个月太阳和月亮升落的不同方位。郑州大河村仰韶文化遗址出土的一件复原陶钵肩部,有十二个太阳图案,也可以作这样解释。

现存最早的与农耕生活无关的中国古代天文观测资料,似乎都是很单纯的天象资料。例如,有关夏代的两条天文记录,第一是关于五星聚的,即《太平御览》卷七引《孝经钩命诀》:"禹时五星累累如贯珠,炳炳若联璧。"今日学者推算在公元前 1953 年 2 月中旬至 3 月初,黎明时分的东方地平线上,土星、木星、水星、火星和金星排成一列。26 日,五大行星之间的角距离小于 4 度。这是迄今五千年中最难得的一次五星聚(纬合宿)。古人观此异常壮丽的天象,难以忘怀,将此记忆代代流传下来,而且只是一种纯粹的天象记录。第二是关于仲康日食,即《左传》昭公十七年引《夏书》:"辰不集于房,瞽奏鼓,啬夫驰,庶人走。"此记载被认为是世界上最早的日食记录,除了认为日食是一种自然灾害以外,没有其他寓意。①

据研究,在出土的甲骨文中,发现由"星"字组成的词有"其星"、"不(或毋)其星"、"大星"、"鸟星"、"新星"(或"新大星")。其意义一是指天晴,一是指星辰。殷墟甲骨文记载的月食有五次,这是定论。② 其中是否有日食的记载还在争论之中。③《诗经》、《春秋左传》、《国语》等记载的关于日食、月食的现象,基本为学界所认同。现在已经发现春秋战国以前很多天象记录,包括日食、月食、太阳黑子、彗星、木星、恒星、新星甚至超新星,这些基本上属于单纯的天象记录。④ 例如,《春秋》记载的年代是公元前 722(鲁隐公元年)—前 481 年(鲁哀公十四年)共 242 年,记录日食 37 次。这 37 次日食是确实无疑的观测记录,年月日基本相符。⑤ 其

---

① 今人考证得出这次日食可能发生在洛阳地区 4 种时间:公元前 2043 年 10 月 3 日,公元前 2019 年 12 月 6 日,公元前 1970 年 11 月 5 日,或公元前 1961 年 10 月 26 日。(见夏商周断代工程专家编著:《夏商周断代工程 1996—2000 年阶段成果报告》简本,第 80—81 页。世界图书出版公司 2000 年。)《史记·夏本纪》与古文《尚书·胤征》也记录关于夏代日食的事情,但《尚书·胤征》语前多出"乃季秋月朔"一语。"辰"为日月会次之名,"房"是星宿名,"集"通"辑",意为:日月会次,不相和辑,而掩蚀于房。"瞽"是乐官,奏,进也。古人伐鼓用币救之。啬夫是小臣,汉代有上林啬夫。庶人即百役。(参见《书经集传》蔡沈注本,第 64 页,中国书店 1994 年。)这与下文所述《春秋》鲁庄公二十五年、鲁庄公三十年、鲁文公十五年记有"鼓,用牲于社"一样,是古代对待日食的办法,就像大旱求雨的仪式一样,与占星学有本质区别。

② 常玉芝:《殷商历法研究》,第 9—20 页。

③ 参见冯时:《中国天文考古学》,第 232—250 页。

④ 据徐振韬、蒋窈窕先生研究:"1974—1977 年,中国科学院、教育部和国家文物局的有关部门和学校,以及各省市的有关图书馆和博物馆等,大约一百多个单位和三百多人按计划对古代天象记录进行普查。查阅古籍总数高达 15 万卷,收集道的天象记录 1 万多条。其中包括太阳黑子、极光、陨石、日食、月食、流星、流星雨、彗星、新星和超新星、月掩行星、日月变色、异常曙暮光和雨灰等。1988 年,以《中国古代天象记录总集》为名,由江苏科学技术出版社出版。"(见徐振韬、蒋窈窕:《五星聚合与夏商周年代研究》,第 57 页,世界图书出版公司 2006 年。)

⑤ 张培瑜:《〈春秋〉、〈诗经〉日食和有关问题》,《中国天文学史文集》第三集,科学出版社,1984 年。

中有经无传 26 条。经文记载几乎都是"某月某日，日有食之"，只有鲁庄公二十五年、鲁庄公三十年、鲁文公十五年记有"鼓，用牲于社"。这是古代对待日食的办法，就像大旱求雨的仪式一样。涉及占星学内容只有鲁昭公七年、二十一年、二十四年、三十一年四次，其中梓慎的讨论两次，他并不完全赞同占星学。① 这些记载基本表明，上古人们看待日食月食虽然也是灾异，但就像刮风下雨打雷下雪等一样，是一样的自然破坏力，与战国以后的占星学具有质的区别。从《左传》可以看出，占星学在鲁昭公以后才开始进入人们的视域之中，引起人们关注，但还没有形成强势。

还有一个有意思的现象，中国古代星辰命名最早的一部分，都来自生活中的用具及其相关事物、动物和神话传说，与占星学毫无关系。例如营室（房屋）、壁（墙壁）、箕（簸箕）、毕（捕兔小网）、井、斗、定（锄类农具）等属于用具，牵牛、织女、参、商等属于神话传说。② 《诗经》中出现的星宿有：火（心）、箕、斗、定（室、壁）、昴、毕、参、牛、女，等，还用"天汉"指银河，用"启明"、"长庚"、"明星"来指金星。《小雅·大东》："维南有箕，不可以簸扬。维北有斗，不可以挹酒浆。"直接把星辰与用具进行有意思的比较，反映了古人天真的心理状态。③ 二十八宿的名称，以及后来用来命名的岁星纪年的十二次，例如星纪、析木、大火、寿星、鹑尾、鹑火、鹑首、实

---

① 见杨伯峻：《春秋左传注》。中华书局，1981 年。

② 《左传》昭公元年："昔高辛氏有二子，伯曰阏伯，季曰实沈，居于旷林，不相能也，日寻干戈，以相征讨。后帝不臧，迁阏伯于商丘，主辰。商人是因，故辰为商星。迁实沈于大夏，主参，唐人是因，以服事夏、商。……故参为晋星。"有人认为："这个故事实际上包含有重要的天文意义：参星为当时冬季的初昏中星，大火星则为夏季的初昏中星。"（陈久金编著《天文学简史》，第 79 页，科学出版社 1985 年。）

③ 现在某些地区还有"犁星"、"水车星"、"辘轳把星"，沿海地区有"南挂星"、"三枝浆星"等。（见中国天文学史整理小组编著：《中国天文学史》，第 42 页。）

沈、大梁、降娄、娵訾、玄枵，也没有后来的占星学色彩。① 这说明至少在春秋以前的中国天文学，目的主要是为农业生产服务，表达了一种农耕社会的宇宙观，基本性质不是占星学。②

大约从春秋末战国初开始，中国天文学发生了一个根本的转折：试图论证人间帝王统治的合法性，用天象反映人间社会的等级制度。因此，这期间的天文学把星叫做"星官"，凡星都是"官"。《史记·天官书》唐代司马贞索隐曰："星座有尊卑，若人之有官曹列位，故曰天官。"这就在"四象"之后，出现了"分野"、"三垣"的说法。

"四象"是把二十八宿分为四组，并以动物形象名之，故曰四"象"，即东方苍龙、西方白虎、南方朱雀、北方玄武（龟）。人们发现，每组的星象确实与以之称名的动物很像。有人认为，《尚书·尧典》关于四仲中星的说明，产生了把周天恒星分为四群以分别表示春夏秋冬四季星象的思想。因此人们很容易想象，"春分前后初昏时当朱雀升到南方中天（上中天）时，苍龙的房宿正处于东方的地平线附近；白虎的昴宿正处于西方的地平线附近；而龟蛇的虚宿正处于地平线下与朱雀的七星相对的北方（下中天）。这是就定东、西、南、北四个方位的由来，它是以古代春分前后初昏时的星象为依据的"③。"四象"说法由此发展而来。可以看出，四象说还属于比较纯粹的天文学，与占星学没有明显的关系。陈遵妫先生认为，

---

① 有人说："中国的十二（星）次，除大梁、实沈、大火三个星次外，其余都用动物命名（详《史记·天官书》及其《集解》《索引》《正义》）。"此外，"巴比伦'十二宫'，除宝瓶、天秤外，其余都用动物命名。"刘尧汉：《"十二兽"历法起源于原始图腾崇拜》，见《中国天文学史文集》第二集，第 155 页，科学出版社 1981 年。

② 《诗经》中描绘天象的诗有不少，如前所述，内容都是描述农耕生活与星辰的一般关系，唯《小雅·十月之交》不仅描绘了日食和月食，还有"日月告凶，不用其政"之说。我认为，不管这首诗写于何时，仅此一首诗决不能说明在那个时期系统的占星学理论已经建立。

③ 申先甲：《中国春秋战国科技史》，第 66 页，人民出版社 1993 年。

"四象"的出现应在二十八宿之前。因为角、心、尾就是东方苍龙的龙角、龙心、龙尾。"四象"的名称来源可能很早。①

"分野"是用天上的列宿对应地上的封国。《左传·昭公元年》所说的高辛氏长子阏伯迁于商丘,主辰,故辰为商星,次子实沈迁于大夏,主参,故参为晋星。可见星辰与地域已有关联。后来共有十二分野之说,几乎每一列国对应天上一个星宿。这个观念一般认为出现在二十八宿之后。②《周礼·春官·保章氏》曰:"以星土辨九州之地所封,封域皆有分星,以观妖祥。"可见分野已经与占星有关。

如果说"四象"中有一些苍龙、麟、凤这样神话中的动物,实质上还是关于天象的纯粹描述,"分野"把星辰和地域联系起来,表明一种天人生活同构的雏形,而"三垣"则完全反映了统治阶级的观念。"三垣"即紫薇垣、太薇垣、天市垣,把位于二十八宿以内的恒星分为三大块。紫薇垣是天上皇宫的意思,其中有帝星、帝后星、群妃星、三公星、太子星等;太薇是天上政府的意思,有将星、相星、诸侯星;天市是天上都市的意思,有主管秤权交易和商人的宦者星、宗正星、宗人星、客星等。紫薇垣和天市垣在《开元占经》辑录的《石氏星经》中有,大约出现于战国时代。太薇垣初见

---

① 见陈尊妫:《中国天文学史》第二册,第330页,上海人民出版社,1982年。《礼记·礼运》曰:"麟凤龟龙,谓之四灵。"《十三经注疏》云:"前朱雀而后玄武,左青龙而右白虎。"后来把麒麟换为白虎,有人称与孔子作《春秋》到获麟为止相关。"麟为周亡天下之异。"所以后人以山兽之君虎代替,西方为白虎,麟在中央。湖北随县曾侯乙墓(前433年左右)中有一漆器箱盖,会有二十八宿图案,东方绘有青龙,西方绘有麟。可见在汉代麟才换成白虎,而二十八宿在当时已是很普遍的知识,"四象"的知识可能还会更早。

② 徐振韬、蒋窈窕先生认为:十二次分野大概是在战国时代形成的。(见徐振韬、蒋窈窕:《五星聚合于夏商周年代研究》,第20页,世界图书出版公司,2006年。)

于唐初的《玄象诗》。① 这即是我们现在所称的名副其实的占星学。

从《左传》、《国语》等典籍的记载中,可以看到占星学的发展轨迹。《左传》昭公十七年记申须语"天事恒象",《国语·周语》亦有"天事必象"之说,即天的意志一定要通过天象表达出来。《国语·楚语》说:颛顼"乃命南正重司天以属神,命火正黎司地以属民,使复旧常,无相侵渎,是谓绝地天通"。这里是说让重和黎分别负责天上星辰和地上人民的事务,不让老百姓直接和天上星辰交往、沟通。意思是把上天的意志垄断起来,不让老百姓知道。《左传》襄公二十八年记载,梓慎发现当年的岁星应在星纪,却到了玄枵(实际是由木星运行的岁差所至),这即是春行夏令,他预言郑国和宋国要发生饥荒。《国语·晋语四》说晋国史官董因根据天象预测重耳可以成功继承君位。《国语·周语下》还说到武王伐纣的天象有利,故能成功。汉代《淮南子·兵略》也说到这件事,其实都是附会。这种情况到了战国末期就很严重了。秦始皇的阿房宫就是按天上的星象建造的。《月令》也是按天象给天子设计每月移动的住处。日食这样的天象,这时已经被占星学家说得玄乎其玄。据《开元占经》记载:"甘氏曰:'日始出而蚀,是谓无明,齐、越受兵,一曰亡地。'甘氏曰:'日中而蚀,荆魏受兵,一曰亡地,海兵大起。'甘氏曰:'日将入而蚀,大人出兵,赵燕当之,近期三月,远期三年。'"②都涉及兵灾和亡国之大事。

那么,春秋战国之际,中国天文学界为什么出现了这样的现象?

《史记·历书》云:"幽、厉之后,周世微,陪臣执政,史不记时,君不告

---

① 参见郑慧生:《认星识历——古代天文历法初步》第三编第五章:"唐·无名氏《玄象诗》",河南大学出版社,2006 年。

② 刘韶军编著:《古代占星术注评·开元占经》,第 132 页,北京师范大学出版社、广西师范大学出版社出版,1992 年。

朔,故畴人子弟分散,或在诸夏,或在夷狄……"《汉书·律历志》所载与此略同:"三代既没,五伯之末史官丧纪,畴人子弟分散,或在夷狄,故其所记,有黄帝、颛顼、夏、殷、周及鲁历(即所谓古六历)。"就是说,东周以降,天文历算学者从周王室分散外流。各国诸侯却因争夺称霸,招揽人才,因而重视天文学的观测与研究,导致天文学蓬勃发展。在当时的天文学中,以甘德、石申、巫咸三大学派影响最大。这时候的天文学家实质上已成为占星家,他们要用天象知识为各国国君服务,占星内容涉及到用兵、立嗣、农桑、祭祀等众多国家大事。中国古代天文学出现的这种状况,与此时出现的邹衍阴阳五行学说构成一种共生的现象,它们之间的关系应当是很复杂的。[①]

中国上古阴阳五行思想到了战国时期的邹衍,其性质发生了根本的变化。徐复观对此做过专门研究。他说:"一直到春秋时代为止,所谓五行,只指的是国计民生所通用的五种材料,所以又称为'五材';丝毫没有作为构成宇宙的五种基本元素,或由阴阳二气分化而为五气的意味。并且与阴阳的观念,全不相干。……至邹衍而把它提升为'五德始终'。"[②]邹衍改造的阴阳五行学说,在思想和政治领域迅速产生重大影响。据《史记·封禅书》记载:

　　　　自齐威、宣之时,邹子之徒论著终始五德之运,及秦帝而齐人奏

_____

　　① 有些学者也持这种看法。陈遵妫先生说:"宗教在中国殷代,还是相当的原始,没有形成一种系统的思想体系;到了殷末周初(公元前十二世纪前后),形成了所谓阴阳五行说,它一方面对当时天文学的发展有所促进,但另一方面,它的迷信唯心的伪科学,长期地统治着人们的思想,使我国的天文学以及其他自然科学的进展比较缓慢。"(见陈遵妫:《中国天文学史》第一册,第83页。)他所推断的时间与本文不同。
　　② 《汉代思想史》第二卷,第13页。

之,故始皇采用之。……邹衍以阴阳主运显于诸侯……

秦始皇的阿房宫就是按天上的星象建造的,由此亦可见邹衍学说的影响。① 邹衍的学说为什么能够产生如此巨大的影响?《史记·孟荀列传》云:

> 邹衍睹有国者益淫侈,不能尚德,若《大雅》整之于身,施及黎庶矣。乃深观阴阳消息而作怪迂之变,《终始》、《大圣》之篇十余万言。其语闳大不经,必先验小物,推而大之,至于无垠。先序今以上至黄帝,学者所共术,大并世盛衰,因载其禨祥度制,推而远之,至天地未生,窈冥不可考而原也……称引天地剖判以来,五德转移,治各有宜,而符应若兹。……其术皆此类也。然要其归,必止乎仁义节俭,君臣上下六亲之施始也滥耳。王公大人初见其术,惧然顾化……

这里最重要的是,邹衍不仅把阴阳消息与仁义节俭等政治原则统一在一起,而且他的学说"深观阴阳消息","其语闳大不经,必先验小物,推而大之,至于无垠","称引天地剖判以来,五德转移,治各有宜,而符应若兹"。(着重号为引者加)这里所说的实质上就是指邹衍把早期的阴阳五

---

① 据 2008 年 11 月 17 日《西安晚报》报道,在陕北发现秦全天星台,整个星台布局轮廓面积达 2.8 万平方公里。由 1424 个圆形或椭圆形土台组成,分别与天空 332 个星宿或星官一一对应,又分别对应秦帝国的疆域山川,郡县城障,宫廷苑囿,文武百官,军队,监狱,社会百业,日常生活等。这些星台还与各种神话和精神世界相呼应,构成完整的"地上天国"。星台群东临黄河,西跨明长城内外,南止秀延河下游,北达鄂尔多斯高原。由大将蒙恬主持,历时 6 年完成。

行与占星学结合一体,因为占星学与天文历算相关,在日月星辰的运行和某些天象,例如星转斗移、月食等预测方面,可以"符应若兹",因而让"王公大人初见其术,惧然顾化"。由于没有现存邹衍著作的文本,我们这里只是推断。从现存有限的资料和思想史的逻辑发展来说,得出这样的看法是合理的。①

阴阳五行学说与占星学在思想理论上的合流,阴阳家与占星学家混合一体,使得阴阳五行和占星学的发展相得益彰。占星学运用阴阳五行观念解释天象,占星学由于阴阳五行学说而获得一种哲学理论的品质;同时,由于运用天文的观测和计算,占星学对于天象的解释,部分具有科学的性质。因此,阴阳五行学说由于得到占星学的观测证明,也使它成为可证明的理论,即"符验若兹"。邹衍学说这种"符验若兹"的效果,对于当时的思想界、学术界的知识分子以及各国诸侯来说,无疑是振聋发聩、耳目一新。这与近代中国知识分子在西方科学的声光电化面前,目瞪口呆、迅速臣服具有相似的情景。我们由此可以想象,邹衍的学说在战国直到汉代的影响和冲击,基本类似近代西方科学对于中国士大夫的冲击,因而他的学说在诸子百家之中能够脱颖而出,迅速获得一统天下的地位。

战国以降的这种与阴阳五行说合为一体的占星学在汉代达到全盛。司马谈《六家要指》把阴阳家列为六家之首,称之以"阴阳四时、八位、十二度、二十四节各有教令","大祥而众忌讳"。《汉书》首立《五行志》。《史记·天官书》则是最早全面系统描述全天星官的著作,也可谓集占星

---

① 可参看胡适:《中国中古思想史长编》,第 15 页,安徽教育出版社 2006 年。

学之大成。① 司马迁对于盛行的占星学作了总论性质的概括：

> 自初生民以来,世主曷尝不历日月星辰? 及至五家、三代,绍而明之,内冠带,外夷狄,分中国为十有二州,仰则观象于天,俯则法类于地。天则有日月,地则有阴阳。天有五星,地有五行。天则有列宿,地则有州域。三光者,阴阳之精,气本在地,而圣人统理之。

> 夫常星之变希见,而三光之占亟用。日月晕适,云风,此天之客气,其发见亦有大运。然其与政事俯仰,最近[天]人之符。此五者,天之感动。为天数者,必通三五。

司马迁还从上古梳理出一个占星家的谱系:"昔之传天数者,高辛之前,重、黎;于唐虞,羲、和;有夏,昆吾;殷商,巫咸;周室,史佚、苌弘;于宋,子韦;郑则裨灶;在齐,甘公;楚,唐昧;赵,尹皋;魏,石申。"这显然是穿凿附会。② 甚至我们现在审视司马迁"通古今之变,究天人之际",也会发现,这里的"天",与占星学的"天"绝不会没有关系。尽管如此,司马迁还是把《天官书》和《历书》分开,表明占星与历法之间仍有区别。不过历法从此也受到阴阳五行学说和占星学的影响,所谓历三统、易正朔就是由此

---

① 《史记·天官书》把整个天空分为五个区域,北极附近的中宫为"太一常居"的宫阙组织,中央为帝星(小熊座 β),在它周围有太子(小熊座 γ)、正妃(勾陈一,小熊座 α)等,外面还有相当于帝车的北斗七星,以及表示上将、次将、贵相、司命、司中和司禄的六星组成的作为天府的文昌宫等。其他四个区域即东宫苍龙、南宫朱鸟、西宫咸池、北宫玄武。与"三垣"不同,与"四象"也不同。这都是后来天文家所起的星名,春秋以前没有这种现象。

② 江晓原先生却把这个谱系当作可靠的历史描述,并认为"古代天文—占星学家正是上古巫觋的遗裔"。这又把原始宗教和巫术活动与占星学混同一起了。见《占星学与传统文化》,第 194—195 页。

而来。①

以上大略论证了在春秋末战国初发生的中国天文学向占星学的根本转折。②

由此可见,江晓原先生的"政治天文学"观点是不能成立的。他把古代天文学等同占星学,又把占星学等同政治学,这是双重的错误。江晓原先生所说的与上古天文学基本不符(他所用的材料都是战国以后的),即使是战国以后,占星学也不能完全等同政治学,与天文学还是部分重合。而且江晓原先生只论《史记·天官书》、《汉书·天文志》,不论《史记·历书》、《汉书·律历志》,并把古代历法等同于占星学,过于简单、武断。

确切地说,在邹衍的阴阳五行说出现之前,中国天文学的性质是"治历明时",主要为农业生产服务。不了解这一点,大概不能把握中国古老文明的这种本质。了解这个转折,我们不仅可以知道中国古代天文学与占星学的基本界限,更为重要的是,还会发现上古思想发展的一个重要轨迹,并由此探索这种思想史的转变对于当时中国学术的影响。

我们知道,早期的儒墨道法诸家基本上与阴阳五行无关,而在邹衍这

---

① 三正之说始见于《左传》昭公十七年。谓夏以建寅为正,殷以建丑为正,周以建子为正。王朝正朔,成为头等大事。(参见张汝舟:《二毋室古代天文历法论丛》,第 103 页。)《史记·历书》、《汉书·律历志》有相同记述。根据的最新研究,关于夏代建寅、商代建丑、周代建子的"三正说"只是汉儒的臆造,纯属子虚乌有。(见常玉芝:《殷商历法研究》,第 425—426 页。)汉武帝元封七年即太初元年(公元前 104 年)制定了三统历颁行全国。第一部完整留下文字记载的历法是西汉末年的《三统历》,是刘歆根据《太初历》改造而成的。全部文字见于《汉书·律历志下》。

② 自此以后,中国古代占星学异常繁荣。查《隋书·经籍志》,所载天文书共 97 部,675 卷;历书 100 部,263 卷。可见一斑。

种与占星学结合的阴阳五行学说的强势影响下,诸子各家都受其影响。汉代的各种学说就是在这个基础上进行建构或重构。因此,对于汉代思想起决定性影响的,实质上是邹衍的学说。正如徐复观先生所说:"邹衍在西汉是一种显学。"①我们发现,经过汉人整理的古代典籍有些明显留下这种占星学和阴阳五行学说的印记,汉代经学中不但程度不同地羼杂了这种占星学与阴阳五行混合的思想,甚至在根本上受到占星学观念的支配,其中"观象于天,法类于地"占星学思想成为《易传》的核心观念,而《春秋》公羊学大师董仲舒把先秦儒学与阴阳五行学说结合起来,提出天人感应学说,在中国历史上影响巨大而深远。②

　　但是,思想界反对这种占星学的声音从来不绝,当时的代表人物为荀子和王充。荀子说:"天行有常,不为尧存,不为桀亡。""星坠、木鸣,国人

---

　　① 徐复观:《汉代思想史》第二卷,第4页。美国汉学家本杰明·史华兹说:"司马迁的《史记》将相关性宇宙论(correlative cosmology,意即"天人相互关系"——引者)的兴起归结于事迹模糊的齐国人邹衍,后者是稷下学官的成员之一,而且很显然是他那个时代最受统治者欢迎同时也是最为成功的顾问。……尽管有充足的理由表明,人们能在邹衍之前就兴起的思想趋势中寻找相关性宇宙论的起源,我们不能把这些趋势看做是彻头彻尾的'原始思想',正是他首次构造了兼容所有自然与人事现象的相关性宇宙论,构造了规模巨大而又令人叹为观止的专门范畴体系。他尤以将'五行'与人类历史的循环格式关联起来而闻名;最有可能的是,由于这一观念潜藏着的预测的能力,激起了那个时代的统治者们的浓烈的兴趣。李约瑟恰切地评论说:'假如邹衍手中掌握了原子弹技术,他简直就不敢面见那些目不转睛地盯着他的统治者。'如上所说,这一将无序的人事领域转变为与天的样式保持和谐的观念,确实可以反映中国文化的一般性取向。即使如此,由相关性宇宙论所提供的特殊的具体解决方案似乎仍然既令人兴奋,又富有新意。""顾颉刚认为:把五个一套的自然现象与各种人事现象关联起来的观念,最初表现为它们都同'五个行星'的周期性运动相关联。如上文所说,它的第一次将命理学上的(numerological)五的套式与幼稚的占星学(它也许就是相关性宇宙论的最初形态之一)关联了起来。这也会有助于解释这一与行星运动相关概念的动态特性。"(本杰明·史华兹著、程钢译:《古代中国的思想世界》,第368—369页,江苏人民出版社2007年)虽然史华兹也朦胧看到邹衍的阴阳五行学说与占星学的关系,但却没有明确提出和论述。

　　② 关于这一内容,详见拙文《两汉经学观念与占星学思想——邹衍学说思想史意义探微》,载《哲学研究》,2009年第一期。

皆恐。曰:是何也? 曰:无何也,是天地之变,阴阳之化,物之罕至者也,怪之可也,而畏之非也。夫日月之有蚀,风雨之不时,怪星之党见,是无世而不常有之。"(《荀子·天论》)王充的《论衡》对于日食、月食作了专门讨论,把"阴阳符验"、"天人感应"之类斥之为"虚妄"。这些思想观点应该是上古中国朴素天文学思想的延续,难能可贵。这些思想家与占星学理论的冲突交锋,构成了中国古代思想史发展的另一条重要线索。

中国古代天文学与占星学的关系,是一个非常重大而复杂的问题。对这些问题作出完整而彻底的回答,还需进一步深入探讨。

2008 年 11 月 14 日中午定稿于燕南园 56 号

(本文曾于 2008 年底在复旦大学哲学学院"南北哲学论坛"上宣读,

部分内容与拙文《月令思想纵议》[载《哲学门》第十八辑]相同。)

附录一　关于《庄子》的通信

1

林合①：

关于《庄子》，我们以前陆续讨论过。你的大著《虚己以游世》我前后翻了好几遍，有很多收获。虽然近期有很多研究《庄子》的著述，但是，《庄子》研究的总体状况没有改变。你的书倒是带来一些新的观念和方法，让人有耳目一新的感觉。

由于你的学术背景与一般研究《庄子》的学者的差异，这本书具有与一般庄学著作不同的鲜明特色。《虚己以游世》首先单刀直入挑出问题，认为全部《庄子》所要解决的问题是人生意义问题和治世问题，而归根结底还是人生问题。大著由此入手，打破传统对于《庄子》内、外、杂篇的划分，把《庄子》的全部文本作为一个整体，对《庄子》关于人生意义问题的提出、展开到解决，进行系统解释，勾勒了《庄子》中一个严整的哲学体系。

虽然你提出的问题许多庄学专家也曾有过讨论，有些问题譬如人生问题可能是庄学研究共同的话题，但无论从论述的方法、观念甚至语言，《虚己以游世》都突出展示了一种纯粹的哲学意识，展示了逻辑本身摧枯拉朽的力量。这在中国传统哲学的研究中是极为少见的。我认为这一点

---

① 韩林合，男，北京大学哲学系教授，哲学博士。著有：《〈逻辑哲学论〉研究》（商务印书馆2000年出版）、《分析的形而上学》（商务印书馆2003年出版）等，所著《虚己以游世——庄子哲学研究》，北京大学出版社2006年出版。

是《虚己以游世》最突出的贡献。正是运用这种崭新的观念和方法,也带来许多具体问题研究上的突破,例如关于逍遥的与众不同的解释。

从《庄子》研究的历史来看,魏晋时期是一次高峰。不仅郭象编定了《庄子》至今通行的文本,在思想阐释方面,玄学家也进行了自己独特的解释。有清一朝,对于《庄子》文本的考订,尤其是内、外、杂篇的情况进行了颇深的探寻。五四以后,西学东渐,《庄子》研究受到西方哲学观念和方法的影响,无论在文本考订和思想阐释方面,都较前人有很大突破。然而,如何在《庄子》研究中产生新的突破,不仅需要依靠历史考古在文本资料方面有新的发现,还需要在研究观念和方法上有新的推进。《虚己以游世》展示的分析哲学的观念和方法,无疑是一次非常好的尝试,给21世纪的《庄子》研究以新的启示,对于《庄子》研究乃至整个中国哲学的研究,都具有非同一般的意义。

大著一些具体的贡献和长处不多说了。最近我把《庄子》又全部读了一遍,感到《庄子》的思想极为丰富、复杂,文本本身也是一个问题。在你的研究基础上再来讨论,可以使《庄子》研究进入更高更深的层面。因此,我想就《虚己以游世》提出几个问题,供你参考。

第一个问题:"道"与经验世界,异质何在?

《虚己以游世》把《庄子》的"道"解释为"世界整体本身",特点是:1)无声无形;2)时空上无穷无尽;3)一切事物生成于它;4)一切事物在本性和命运上受支配于它;5)无所不包,无所不在;6)它以虚、静、淡、无为的原则生成和支配万物。总之,作为"世界整体本身"的"道"与我们的经验世界具有质的不同。

　　基于这两个世界的不同,也存在两种不同的生活:"至人"所处的境界属于"世界整体本身",即"道"的层面。常人(世俗之人)处于日常经验的世界。"世俗之人所生活于其中的那个经验世界则无法与至人所生活于其中的那个境界或世界构成同一个世界,二者全然是异质的。"

　　我的问题是:"异质"是何含义?一个与经验世界"全然异质"的世界是什么世界?我们如何知道、如何想象?

　　你认为:"当庄子说与道同体的至人境界及其内的绝对价值、绝对自由、绝对安全、至乐、永恒等事项完全位于经验世界之外时,他的意思是:当一个人(经验主体)通过心斋的方式升格为至人之后,他便进入了一个全新的境界,一个与常人所处完全不同的世界,这个境界或世界可以说立即结束了他以前作为一个对象而属于其内、现在其他人仍然属于其内的经验世界。"

　　可以看出,你是把"绝对自由"、"绝对价值"、"绝对安全"、"至乐"、"永恒"当作异质世界的特征。可是,如果这些东西与整个经验世界构成异质性,它就是不可理解的。而我们之所以去努力理解或能够理解《庄子》的"道",则说明"道"的含义仍然是与我们经验世界相关的,因此,与我们的经验世界不能构成异质性。

　　人们曾把基督教的上帝说成一个我们不能描绘、不能发问即不能说的事物,上帝与人类完全是异质的。中国人或希腊人描绘的神仙世界则不同,它们虽然与人类的经验世界有些不同,但不是完全与经验世界异质的,因此不仅是可以说,而且几乎完全可以理解。维特根斯坦《逻辑哲学论》所论证的逻辑世界与经验世界也是同质的。

　　因此,我认为,最多只能把《庄子》的"道"解释成一个类似于神仙世界那样的世界,这样的世界与经验世界是密切相关的,不能构成异质性。

而如果把《庄子》的"道"解释成一个完全与经验世界异质的世界，我们的《庄子》研究则会陷入不可说的神秘之途。

无论是生死问题、善恶问题、真假问题、美丑问题，都是以经验世界为基础才能讨论，才可以"虚己"以"游世"，否则，如何"虚己"？如何"游世"？

由此我们又涉及你对于郭象的批评。你认为郭象将《庄子》的"内外不相及"解释为"内外相冥"是不能成立的。因为"游于外"就是游于"道"，即生活于一个与经验世界异质的世界中。"内"与"外"是不相及的。而郭象则试图把"冥内"和"游外"统一起来，即把经验世界和与经验世界异质的生活统一起来，因此是不可能的。

可是，如果说"道"不能解释为与经验世界异质的话，你对于郭象的批评也不能成立。

第二个问题：庄子是否开一个无用的社会处方？

由于《虚己以游世》把《庄子》的"道"解释为与经验世界异质的"整体世界本身"，而这个世界是人们根本不能达到的："如果一个人成功地按照庄子的人生处方做了，即他成功地将自己的心灵的知、情、意的活动悉数终止下来，达到了形如槁木、心如死灰的死寂的境地，那么处于这样的状态中的这个人还能算是人吗？而且，庄子的人生处方根本就是不可能得到真正的贯彻的：一个正常的人根本不可能将其知、情、意的活动悉数终止下来！"（313 页）因此，整个《庄子》给人们开了一个无法实现的、即无用的社会处方。

这个结论让我们匪夷所思！庄子本人真的会给人们开一个无用的社

会处方？他这样做的目的是什么呢？有什么意义？

当然，《庄子》的意义本身我们可以争论，甚至可以说我们不可能找到《庄子》最终的、本真的、确定的意义。但如果我们把全部《庄子》作这样的解释，我们的研究有何意义？

《虚己以游世》的结尾写道：

> 虽然任何人都无法完全贯彻庄子的人生处方，但是如果我们时时想着这种处方，并且尽可能地按照其行事，那么毫无疑问，人生当会有另一番景象，社会也会变得更为和谐。

我们很难发现这个结语与《虚己以游世》全书的论证有什么逻辑上的关联。

寒假以来，杂事纷呈，文思枯涩，几不成书。先谈到这里。错谬之处，请指正。

致

春祺！

启群上

2007 年 3 月 5 日，雪后初晴

2

启群兄：

兄关于拙作的评论已拜读，多谢！

关于信中提到的两个疑问,在此我做些解释。

首先,关于道与经验世界的关系问题,拙作中的观点是这样的:按照一般的理解,我们所生活于其中的世界即经验世界是那个由各种各样的事物构成的"大全",其中充满了无数的区分和变化,因此也可以说是那个"大化"。合言之,世界就是一个万事万物和万变万化的整体。庄子认为,这样的世界只是我们人类所理解的世界,或者说现象世界。真正的世界或者说本质的世界并不是这样的。在他看来,这样的世界中的各种区分、进而变化均是人类造作的结果。真正的世界或本质的世界是不含任何区分、进而不含任何变化的世界。我认为,这就是他所谓的道所意指的东西。在这种意义上,我将他的道理解为"世界整体本身",即世界整体的本然状态。庄子认为,在人生之初和人类之初,人均处于与世界整体本身或道同一的状态。在这时,人生和社会均没有问题。但是,随着人的心灵的出现或成熟,人们制造出了各种各样的区别,首先是物我的区别,然后是物物的区别,接着大小、是非、美丑、善恶等等区别。有了区别,人们便要争夺。人生因此便出现了重重问题,并进而丧失了意义,社会也最终陷入大乱。要解决人生和社会问题,庄子认为途径只有一条,那就是重新回到与世界整体本身或道同一的状态,而做到这点的唯一方式是安命,进而齐物,最终说来是心斋,即杀死经验主体的区别心。由此看来,我并没有将世界分成截然无关的两种:一为经验世界,一为道的世界,而是认为:道构成了经验世界的本质或本然状态。同样,与道同一的至人所生活于其中的"境界"与经验世界也并非是两个全然无关的世界,实际上前者就是全新理解之下的后者,即当一个人通过心斋的方式将其中的任何区分均取消以后所进入的那种生存状态。当然,二者又是全然不同的或异质的,因为在前者之中不存在任何区别,在后者之中充满了各种样的区别。

进而,在前者之中存在着绝对的自由、绝对的安全、永恒、至善、至美、至真、至乐等等,而在后者之中只存在相对的自由、相对的安全、死亡、相对的善、美、真、乐等等。正是由于经验世界与道或至人境界的如是的区别和联系,庄子才能够一方面说至人"游乎四海之外"、"游方之外",另一方面又说他"游于世俗之间"、"游于世而不僻"。

的确如你所说,无论是生死问题、善恶问题、真假问题、美丑问题,都是以经验世界为基础才能讨论。因为恰恰是人在这样的世界之中的生存出现了诸多严重的问题。不过,在庄子看来,这些问题在经验世界之中恰恰是无法真正地获得解决的。其最终的答案只能到不同于它的或它之外的"另一个"世界去寻找,这就是体道或与世界整体本身同而为一的境界。

在此,我们要区分开两个不同的概念:异质性和不相关性。异质的东西不一定不相关,不相关的东西也不一定必是异质的。另外,按照庄子的理解,道或世界整体本身以及体道的境界恰恰是不可认识、不可思维、不可言说的,或者说是神秘的。但是,这并非仅仅是因为它们与我们所处的世界的异质性造成的。注意,异质性与不可理解性或神秘性也是不同的。

关于我对郭象的批评,请注意:我并没有认为"郭象将《庄子》的'内外不相及'解释为'内外相冥'了",并且进而断言这种解释不成立。我要批评的是冯友兰和汤一介的如下观点:郭象将《庄子》的"内外不相及"解释为"内外相冥"了,统一了庄子的"方内"与"方外"的对立。我的观点是:从形式或字面上看,不仅郭象可以接受庄子的"内外不相及"的说法,而且庄子也可以接受郭象的"内外相冥"的说法。因为前者的意思是:至人的世界与世俗之人的世界完全不同(但是并非完全不相干),而后者的意思则是:无心便可以不做任何区分,进而便可"冥于内",即"顺有","任万物之自然",

这样便可以进入与世俗之人完全不同的世界,即"游于外"。显然,这就是我们所理解的"虚己以游世"的真正的意义。我所要努力辨明的论点是:郭象既不会想到也没有能力将庄子的"方之内"(世俗世界或经验世界)和"方之外"(至人的境界)统一起来,否则他的整个体系就彻底坍塌了。与庄子一样,郭象也坚持着二者的截然区分;同时也与庄子一样,郭象也坚持认为对于至人来说,他所生活于其中的体道境界就是全新态度之下的世俗世界。当然,从思想实质上看,郭象与庄子完全不同,因为他们对道、人的本质、本然之心或常心有着完全不同的理解,进而二者对无心也有着完全不同的理解。按照庄子的观点,所有人的本质都是一样的,都是拥有本然之心的状态,而本然之心是指不做任何区分之心,不具有通常的认知功能之心;而按照郭象的理解,所有人的本质都是不一样的(所谓人各有"性分"),他们的本然之心也不一样。因此,在庄子那里,"无心"是指心斋,即让区别心终止其知、情、意的正常的活动;而在郭象那里,"无心"是指无分外之心,并非是让区别心的正常活动完全终止。

兄认为可以通过将至人的境界理解成神仙世界的方式来取得其与经验世界的经验的、可以理解的联系。诚然,《庄子》中的少数段落可以做这样的解释。但是首先,从其整个文本来看,这样的解释并不合适。大量的文本恰恰是明确地反对这样的解释的。比如前面提到的"[至人]游于世俗之间"、"游于世而不僻"之类的话。再如下面的段落:

> 刻意尚行,离世异俗,高论怨诽,为亢而已矣;此山谷之士,非世之人,枯槁赴渊者之所好也。语仁义忠信,恭俭推让,为修而已矣;此平世之士,教诲之人,游居学者之所好也。语大功,立大名,礼君臣,正上下,为治而已矣;此朝廷之士,尊主强国之人,致功并兼者之所好

也。就薮泽,处闲旷,钓鱼闲处,无为而已矣;此江海之士,避世之人,闲暇者之所好也。吹呴呼吸,吐故纳新,熊经鸟申,为寿而已矣;此道引之士,养形之人,彭祖寿考者之所好也。

若夫不刻意而高,无仁义而修,无功名而治,无江海而闲,不道引而寿,无不忘也,无不有也,澹然无极而众美从之。此天地之道,圣人之德也。(《刻意》:三/五三五至五三七)

其次,所谓神仙世界与经验世界的联系真的像你所想象的那样密切吗?有谁真的进入过那样的世界并在其中生活过吗? 在我看来,神仙世界绝不比我所解释出来的庄子意义上的至人的境界更可理解,与我们的经验有着更为直接的联系! 最后,神仙世界之类的解释会使得作为哲学家的庄子的深度大打折扣。

在此,我们要区别开"可理解性"与"可经验性"。可理解的不一定非得与经验相关;而且,与经验相关的不一定就可理解。另外,要注意:我的目标是力图对整个《庄子》文本进行一种系统的、尽可能一致和完全的解释。尽管绝大多数具有哲学意义的段落都得到了相对令我满意的处理,但是其中有些段落(比如《逍遥游》中"藐姑射之山,有神人居焉……"一段)的确不太容易纳入我的系统。不过,我并不认为这是很严重的问题,因为《庄子》文本整个说来本来就非常庞杂。

其次,关于庄子所开的人生处方的作用问题,我的观点并非如你所说,是认为它们毫无用处,相反,我认为它们有着非常大的、甚至不可取代的作用。不过,这个作用并非是因为它们能够完全地实践出来而产生的,而是因为它们所可能具有的某种调节功能而产生的:或许世界的真相果如庄子所言,本无任何区别,因此我们的一切争夺最终说来都是没有意义的;这时,我们再反观自己的人生时或许就会自觉地节制一下我们的争夺的心理和行为,因此我们的人生或许会变得更为幸福,尽管只要活着,我们就不可能完全地实践庄子的人生处方。注意,从一个人生处方不可实践得不出其没有任何用处的结论。我只是说了庄子的人生处方不可实践,而并没有说它毫无用处,而是明确地做出了恰恰相反的断言。实际上,不仅庄子的理论具有不可实践但并非没有用处这样的特点,其他伟大的哲学理论也大都如此。

兄所提第一个问题触及了我的庄子解释中的最为独特、也是最难把握的部分。实际上,如何令人满意地解释"[至人]游乎四海之外"、"游方之外",同时又"游于世俗之间"、"游于世而不僻"这些表面上看自相矛盾的断言,这也是庄子解释中的最为艰深的工作。比较流行的解释是这样的:认为前者说的是至人的心灵或精神,而后者说的是至人的形体,所谓"心之逍遥与形之委蛇"。我认为这种心身二元论的解释模式严重地曲解了庄子的思想,断不可信。另外,庄子所谓"逍遥游"是指至人的生存状态,而决非仅仅是指其心灵之游;而且,庄子所谓"形莫若就"(或"形莫若缘")并非是相对于至人说的,是指至人的形体要"委蛇"处世,而是相对于不能体道的世俗之人说的,是指这样的人最好尽量"委蛇"处世。

《庄子》是难于理解的,更是难于系统地处理的,我的系统的哲学解释当然仅仅是这方面的一个尝试而已。其中肯定存在着这样或那样的问题。不过,如果上面的回应不无道理,那么兄所指出的两个问题恰恰是不存在的。弟企盼兄给予进一步的批评。

林合

2007—3—7

3

林合：

回信早就拜读。这几日处理一些杂事，迟复为歉！

通过你的解释，我对于大著的理解更深入一些。但是，仍然有些疑问，同时，我对于《庄子》的看法也并不完全如你所说的那样，因此，讨论还可以继续。

我的第一个问题是：异质是何含义？一个与经验世界全然异质的世界是什么世界？我把与经验"异质的"世界理解为与经验世界完全不同的因而是不能理解的世界，只是一种推论。作出这样的推论或许不是完全没有根据。

当然，你区别了"异质的"与"不相关的"，认为这样与经验世界"完全异质"的世界虽是"不可经验的"，但却是"可理解的"，不是神秘的。从逻辑上说，你的解释十分清楚。用数学或现代物理学的例子来解释也是没有问题的。譬如数学中的复数（-1 的平方根），爱因斯坦相对论关于高速中时间的问题等等，都是可理解而不可经验的。但是，我们讨论的不是逻辑上语词的内涵，不是现代数学或现代物理学的问题，而是一种人类的生活，用你的话说，是"人生意义问题"。作为一种生活的内容，或"人生意义问题"，"不可经验的"东西究竟如何"理解"？这样的断论在什么意义上能够成立？我想是有很大问题的。

而且，从根本上说，即使是数学和现代物理学的那些"不可经验"却"可理解"的问题，也是在经验的基础上理解的。在此，我们应该提到海德格尔"此在"的含义。任何理解，都是与"此在"相关的。没有此在的经验,任何理解不能实现。这就是海德格尔所谓的基本本体论。在这个意义上,"不能经验"的就是"不可理解"的。因此,我们只要对于一个"人类之初"和"人生之初"的世界作出理解,就不能不把它看作是一个可以经验的世界。这个世界与现实生活世界是相关的,可理解的,也是可经验的。否则,就是不可理解的,甚至是不可说的。

因此,我认为,在讨论"人生意义"的问题时,把一种"不可经验"的世界作为"可理解"的世界来描述,可能只是一种没有内容的纯形式的语言游戏,没有实在的意义。

由此可见,从表面上看,你的解释似乎没有问题,例如:"庄子认为,在人生之初和人类之初,人均处于与世界整体本身或道同一的状态。在这时,人生和社会均没有问题。但是,随着人的心灵的出现或成熟,人们制造出了各种各样的区别,首先是物我的区别,然后是物物的区别,接着大小、是非、美丑、善恶等等区别。有了区别,人们便要争夺。人生因此便出现了重重问题,并进而丧失了意义,社会也最终陷入大乱。要解决人生和社会问题,庄子认为途径只有一条,那就是重新回到与世界整体本身或道同一的状态,而做到这点的唯一方式是安命,进而齐物,最终说来是心斋,即杀死经验主体的区别心。"即是让经验的主体退回到一个与经验世界全然异质的不可经验的世界。

但是,在我们的语境中,只要你描述了"人类之初"和"人生之初"的情况,就仍然是"可经验的",也是"可理解的"。经验和理解在这里无法割裂。"经验世界"与"不可经验的世界"的不同、对立,只具有逻辑上的意义,不能解决任何"人生问题"。

讨论到这个地方,可能才触及问题的核心。你用"经验的"与"非经验"的世界来区别一般生活世界和庄子道的世界,用"纯粹主体"和"经验主体"来区别得道之人和世俗之人,从逻辑上看,这样的划分十分清楚。从你的解释框架来说,这样区分不仅合理,也出于必须:"因为恰恰是人在这样的世界之中的生存出现了诸多严重的问题。不过,在庄子看来,这些问题在经验世界之中恰恰是无法真正地获得解决的。其最终的答案只能到不同于它的或它之外的'另一个'世界去寻找,这就是体道或与世界整体本身同而为一的境界。"然而,当你所划分的"经验世界"与"非经验世界",在真正进入"人生意义问题"时,就不免陷入困境。因为,我们所讨论的"人生意义问题"是属于"经验世界"? 还是属于"不可经验的世界"? 还是在这二者之间?

事实上,我们讨论任何人生意义问题,都无法跳开"经验世界"这个基本本体论的前提。因此,即便是在谈到"可理解"的"非经验"时,如果一不小心,就会陷入悖论。下面这段话中,你自己也钻进了这个悖论:

> 无论是生死问题、善恶问题、真假问题、美丑问题,都是以经验世界为基础才能讨论。因为恰恰是人在这样的世界之中的生存出现了诸多严重的问题。不过,在庄子看来,这些问题在经验世界之中恰恰是无法真正地获得解决的。其最终的答案只能到不同于它的或它之外的"另一个"世界去寻找,这就是体道或与世界整体本身同而为一的境界。(着重号是我加的)

"以经验世界为基础"的问题如何跳到了"它之外"寻找最终的答案?

由此再进入你的其他断论,问题和矛盾就更清楚了。按照你的说法,庄子开出的人生处方是不可实践的,却仍然有着非常大的、甚至不可取代的作用。不过,这个作用并非是因为它们能够完全地实践出来而产生的,而是因为它们所可能具有的某种调节功能而产生的:或许世界的真相果如庄子所言,本无任何区别,因此我们的一切争夺最终说来都是没有意义的;这时,我们再反观自己的人生时或许就会自觉地节制一下我们的争夺的心理和行为,因此我们的人生或许会变得更为幸福,尽管只要活着,我们就不可能完全地实践庄子的人生处方。

不难看出,你的这些话不还是论证了庄子人生处方的可实践性吗?所谓"调节的功能"是什么?不可经验的"调节功能"如何存在?

而我的推论是:一个真正不可能实践的人生处方,也可以说,一个不能在经验世界里实践的人生处方,它的意义只能在经验世界以外。而在经验世界之外的意义,或许是可以理解的,但却与实际生活在经验世界之内中的人生(经验主体)是无关的。

说到底,在一个不可经验的世界,一个人生如何"虚己"?如何"游世"?这可能关系到你对《庄子》解释的最根本问题。

另外,我至此还没有陈述我对于《庄子》的完整看法。我没有完全把《庄子》的道本身或道的境界等同于神仙世界。我是说,如果要描述《庄子》的道的境界与世俗世界的不同,用神仙世界来对比世俗世界,比你的"异质的"世界更加容易理解。

已经说了不少,其他问题,我们下次再说吧。以上意见,请你指正。

颂

安!

启群

3 月 15 日午间

4

启群兄：

回复收到。多谢！

在我对你的质疑的回复中,我做出了"可理解性"与"可经验性"的区别。在此,有必要说明,我是针对于你的质疑做出这个区别的。(因为你似乎混淆了这种区别。)实际上,在拙著和对你的回复中,我并没有说庄子的道或体道境界"不可经验"。诚然,从我的如下做法,似乎能够很容易地得出我认为庄子的道或体道的境界就是不可经验的世界的结论:我用"经验世界"来指称我们作为个体的人生活于其中的这个现实世界或世俗世界,并断言这样的世界与道或体道境界全然异质。(推理过程可以是这样的:道或体道境界既然不同于经验世界,它们就是非经验世界,因此也就是不可经验的世界。但是,这样的推论显然是不成立的。首先,从第一个命题推导不出第二个命题;其次,从第二个命题也推导不出第三个命题。在此,造成麻烦的或许是"经验世界"这个术语。如果事情的确如此,那么我完全可以不使用它,而只使用"世俗世界"就行了。)事实上,**我认为,按照庄子本人的理解**,在下面两种不同的意义上,道和体道的境界恰恰是可以经验到的:其一,我们的经验世界恰恰就是我们作为个体的人通过我们的区别心所经验到的"道",只不过,这样的对于道的经验恰恰是破坏了真正的道,没有反映真正的道,所谓"是非之彰也,道之所以亏也";其二,体道的境界恰恰是体道的人体验或"经验"到的世界。也就是说,我们应当区分开两种不同意义上的"经验":一为以经验主体的区别心的正常的运作为基础的经验;一为以体道的人的常心为基础的经验。

前一种意义上的对道的经验是对道的本真状态的破坏,而后一种意义上的体道经验则是与道同而为一的状态,是一种至真的状态。

不过,**在我看来**,体道境界是不可经验的,或者说是不可实现或进入的,甚至于根本就是纯粹虚构的产物。因为进入其的前提是心斋,是正常人的心灵活动的悉数终止。一个悉数终止了其心灵的正常活动的"人"不可能是一个真正意义上的人,他也不可能再体验或经验到什么。我不认为庄子或历史上的任何人曾经进入过体道的境界。我认为,《庄子》应当这样来理解:一个具有极高理智能力的人通过纯粹的理智思考,得出结论说人生问题的答案在于通过心斋的方式进入一种"虚己"、进而与世界整体本身或道同一的状态;然后,通过对其卓绝的理智能力(包括想象能力)的运用,对这种状态进行了诸多神乎其神的、令人神往的生动描绘。最后,经由纯粹的想象,他又将人类之初和人生之初的状态解释成这样的状态。在此,我们要注意:首先,成功地进行了心斋的人的存在状态决非如庄子所描画的那般美好,甚至于它根本就不是什么生存状态,而是绝对的死寂状态,因此根本谈不上美好与否的问题。或许,世界的本真状态恰恰就是这样的死寂或至一的状态,但是,人的出现和存在恰恰就意味着对于这样的状态的破坏和背弃。其次,通常理解下的人类之初和人生之初的状态当然是可以经验的,因为它们本来就(曾经)是我们的经验的一个有机部分。但是,庄子所极度理想化、幻想化了的人类之初和人生之初的状态当不是我们的经验的部分,甚至于是不可经验到的。

不要认为伟大的哲学理论应当而且必定能够加以实践。实际上,能够实践的哲学理论恰恰不是真正的哲学理论,更不是伟大的哲学理论。但是,不可实践的理论不一定不会产生某种实际的作用。庄子的人生处方虽然不可实践,但是却可以产生一定的调节作用。而且,这种调节作用当然是可以经验到的。在此,似乎不存在任何矛盾或悖论。

按照庄子的理解,"人生问题"当然是属于经验世界之内的,是作为万物之一的人在经验世界中所不得不面临的。但是,其答案却在经验世界之外。在回复中我指出:表述这样的意义的话屡次出现于《庄子》书中。这并不是我强加给庄子的。关键是如何理解它们。我给出了一种理解。至于这种理解是否完全有道理,这是可以争论的问题。但是,无论如何,我不同意通过心身二元论框架或设置神仙世界的方式来解释庄子的相关断言。

最后,我要提及我的庄子解释所遵循的一个基本原则:只关注文本本身,尽可能地不受传统解释的影响,同时也尽量避免受西方思想的影响,尽量不用西方哲学的概念,尽可能地只用庄子自己的概念来理解庄子。比如,《庄子》书中常常用"心如死灰,形如槁木"、"堕肢体,黜聪明,离形去智"这样的话来描绘体道的境界或人生的本真状态。就字面意义来看,这些话显然给我们描述了一个极度灰色的本真人生场景,而且正常的人也不可能进入这样的状态。有些解释者力图让庄子的思想变得不那么灰色,因此故意弱化这些段落的思想:认为它们只是劝诫人们不要过多地使用心智,为人处事不要过于工于心计。但是,这种做法显然是不可取的。总之,我们尽量不要以过于世俗的眼光来解释庄子,以使得他的思想成为常人可以理解的,甚至于是可以不甚困难地加以实践的。庄子的思想或许本来就是那么极端,那么"不近人情"。或许,他本来就没有想着让人去实践它,而只是想着让它起到它能够起到的那种调节作用。这或许就是他所谓"无用之用"之要义。请参见如下段落:

　　惠子谓庄子曰:"吾有大树,人谓之樗。其大本拥肿而不中绳墨,其小枝卷曲而不中规矩。立之涂,匠者不顾。今子之言,大而无用,众所同去也。"

庄子曰:"子独不见狸狌乎?卑身而伏,以候敖者;东西跳梁,不辟高下;中于机辟,死于罔罟。今夫斄牛,其大若垂天之云。此能为大矣,而不能执鼠。今子有大树,患其无用,何不树之于无何有之乡,广莫之野,彷徨乎无为其侧,逍遥乎寝卧其下。不夭斤斧,物无害者,无所可用,安所困苦哉!"(《逍遥游》)

林合

2007—3—16

附录二　武则天与历史理性

在中国历史上所有的统治者中,武则天之所以如此瞩目,从史学家到老百姓,都评头品足,指点是非,其主要原因恐怕还是在于她的性别。女人在历史上专权的很多,而女人名正言顺公然做皇帝的,几千年中国只有武则天一个。这大概也是电视剧中那句似通非通的歌词"天朝第一君,是个女儿身"的主要意思吧?

重新讨论武则天在历史上的功过是非,是历史学家们的事。我现在想提的问题是,武则天当时公然改大唐国号为大周,自号"金轮圣神皇帝",是明智之举,还是愚蠢之举? 就是说,她在当时当皇帝,是表现了她的过人之处,还是恰恰暴露了她女人的局限性——就像时下所说的那样"过把瘾"?

虽然说,"王侯将相宁有种乎",但做皇帝也不是简单的事。这倒不是说皇帝是什么真龙天子,而是要看政治、军事条件行不行。对于很多野心家来说,做皇帝是梦寐以求的事,但稍有不慎,便有杀身之祸。所以,即使是为所欲为、欺君罔上的一朝权贵,在是否要做皇帝时,还是十分小心。赵高可以指鹿为马,可以杀秦二世,董卓可以废少帝而立汉献帝,但他们都不敢自己做皇帝。

怀有雄才大略、图谋一统天下的曹操,对做皇帝的事却分外警慎。据《三国志·魏书·武帝纪》记载,起初,各路诸侯起兵共讨黄巾,冀州刺史王芬、南阳许攸、沛国周旌等人谋废汉灵帝,为了拉拢曹操,立他为合肥侯。曹操拒之曰:"夫废立之事,天下之至不祥也。……今诸君徒见曩者之易,未睹当今之难。"(裴松之注引王沈《魏书》)后来袁绍与韩馥谋立幽州牧刘虞为帝,曹操又大加斥责:"董卓之罪,暴于四海,吾等合大众,兴义兵而远近莫不响应,此以义动故也。今幼主微弱,制于奸臣,未有昌邑亡国之衅,而一旦改易,天下其孰安之?"(裴松之注引王沈《魏书》)要说此时曹操羽翼尚未丰满,对改朝换代还不敢妄想,那么,当曹操拥兵百万,玩天子于股掌之上,他对做皇帝是作如何想呢?世称枭雄的孙权趁机上书称臣,谓此是天命。曹操拿着书信说:"是儿欲踞吾著炉火上邪!"(裴松之注引《魏略》)可见孙曹都觉得做皇帝不是快活事,曹操更是不上孙权的当。曹的部属夏侯惇还不大理解,问道:"天下咸知汉祚已尽,异代方起。自古以来,能除民害为百姓所归者,即民主也。今殿下即戎三十余年,功德著于黎庶,为天下所依归,应天顺民,复何移哉!"于是,曹操长叹一声,说出了心里话:"'施于有政,是亦为政。'若天命在吾,吾为周文王矣。"(裴松之注引《魏氏春秋》)不是不想做皇帝,而是此时不能做皇帝。当然,刘汉江山气数已尽,取而代之是早晚的事,但时机尚未成熟。皇帝的龙廷,只能留给自己的儿子了。曹操此举可谓明智。

与曹操同时的诸葛亮,世称"卧龙"先生,可谓盖世奇才。他辅佐刘备,协同孙吴,于赤壁大败曹操。后又巧夺荆州,计取益州,成魏蜀吴三国鼎立之势。后来刘备做了皇帝。可是,当刘备败退白帝城,临终托孤时对他说:"君才十倍曹丕,必能安国,终定大事。若嗣子可辅,辅之;如其不才,君可自取。"诸葛亮闻之如雷轰顶,立即声泪俱下:"臣敢竭股肱之力,效忠贞之节,继之以死!"(《三国志·蜀书·诸葛亮传》)后来,曹魏大臣写信给诸葛亮,"陈天命人事,欲使举国称藩"。诸葛亮回敬道:"昔在项羽,起不由德,虽处华夏,秉帝者之势,卒就汤镬,为后永戒。魏不审鉴,今之次矣;免身为幸,戒在子孙。而二三子合以耆艾之齿,承伪指而进书,有若崇、竦称莽之功,亦将偪于元祸苟免者邪!"他还说即使曹操,亦"深知神器不可妄获"。(《三国志·诸葛亮传》裴松之注引《诸葛亮集》）这里面当然有外交辞令，但还是能听出弦外之音。诸葛亮此处还提到王莽，王莽"篡汉"的下场，对于诸葛亮、曹操、董卓等人来说，可谓触目惊心，永志难忘。

王莽是汉元帝孝元皇后弟弟之子。元后父和兄弟"皆以元、成世封侯，居位辅政，家凡九侯，五大司马"（《汉书·王莽传》）。唯独王莽父亲早死，没有封侯。王莽自幼孤贫，但早存野心，他凭借各种手段，一步步掌握大权，独揽朝政。然而，他仍然十分警慎，有时甚至显得有点做作：为了赚取虚名，每有水旱灾荒，他还素食。所以，大司马陈崇奏称王莽功德，谓之"折节行仁，克心履礼，拂世矫俗，确然特立，恶衣恶食，陋车驽马，妃匹无二，闺门之内，孝友之德，众莫不闻"，而且，辅政五年，"市无二贾，官无狱讼，邑无盗贼，野无饥民，道不拾遗"。即使是在篡位登基时，还亲执小皇帝的手，"流涕歔欷，曰：'昔周公摄位，终得复子明辟，今予独迫皇天威命，不得如意！'哀叹良久。……百僚陪位，莫不感动"（同上）。好像他作皇帝真是迫于天命，老大不情愿。然而确实也是，王莽篡汉后，没有过上几天好日子。天灾人祸，盗贼麻起，终于江山被毁，自己身首异处，满门斩绝。故史家评曰："自书传所载乱臣贼子无道之人，考其祸败，未有如莽之甚者也。"（同上）这就是身败名裂，遗臭万年。倘若王莽不篡汉，可能也是名臣贤相，周公虽然比不得，但管仲、乐毅、诸葛亮、魏征之类，比起来绝不自惭形秽，这也就名垂青史了。

武则天在唐高宗死后，开始总揽朝政。李家王朝的江山，让一个外姓女人独占，李姓诸王当然不服。于是，琅琊王李冲、越王李贞等起兵造反。受皇恩于李唐的一些藩镇如徐敬业等，也起兵勤王。檄文写的很明确："燕啄皇孙，知汉祚之将尽；龙漦帝后，识夏庭之遽衰。"就是一个女人武则天,要断送李家江山。然而,武则天比王莽运气好,造反者一个个被斩尽杀绝。唐高祖、唐太宗的子孙,所剩者寥寥无几。武则天用屠刀巩固了她的权力。天下似乎太平了,武则天并不满足于找美貌男子做外嬖,沉溺于儿女之情。她想着一般男人也不敢想的事情——做女皇。

对于武则天做皇帝的原因,我不想多说。我只想追问:武则天做皇帝是否明智? 她在屠杀、酷刑和告密的基础上,建立她的大周江山,坐她的圣神皇帝,我认为实非明智之举。大周江山肯定是短命的,不仅旁观者清,就是武则天本人也明白。所以,太子只能是庐陵王李显,不可能是武氏族人。尽管武承嗣有非分之想,觊觎王位,那也是白搭。江山要是传给武氏,并非武氏之福,而是武氏之祸。到时候天下大乱,武氏定是众矢之的。要说武则天明智,这一点倒是明智。吕思勉先生的《隋唐五代史》说的一针见血:"中宗之获还储位,史谓狄仁杰、李昭德、吉顼、王及善、李嗣真、齐瀚、王琳有力焉。然仁杰之匡维,事经后人增饰。诸臣即使有言,亦未必能回后意。盖后本无立侄之意,诸臣实潜窥其旨,而后敢于有言也。"①事情发展也不出其料,武则天卧病在床,还没有死,臣下便起兵变,杀了二张,拥太子登上皇位。武则天无回天之力,只好退位,复国号为唐。可见,历史的惯性是多么大。

中国历史上,统一和分裂、和平与战乱的分期还是比较明显,这也说明了一种历史的惯性。汉唐和明清是中国历史上相对统一和稳定时期。争夺皇位的血腥斗争也不断发生。唐太宗李世民就是"玄武门兵变"夺取王位的。但这种争斗大多发生在皇族内部,也并非改朝换代。其中例外的,第一是王莽,第二就是武则天了。王莽是身败名裂,祸及子孙。武

① 吕思勉:《隋唐五代史》,第 160 页,中华书局 1959 年版。

则天比较幸运，没有杀身之祸，主要原因还是继位的中宗是她的儿子。与此相反，像三国、两晋、五代十国，皇帝人人坐，改朝换代如走马灯。但极少有长命的皇帝，有的甚至只有几天。这里面当然有许多历史的具体原因，但是，这种带有规律性的现象，也展示了一种深层的历史心理和历史理性。这种历史理性多少是被一些深谋远虑的政治家，如诸葛亮、曹操等所领悟的。所以，他们对于做皇帝、改朝换代，绝不轻举妄动。

那么，武则天是否领悟到这种历史理性呢？可以说，没有。这也许正是她作为女人的局限，而非她的过人之处。当然，武则天也有她不平凡的地方，这就是她始终觉得大周江山并不稳固，最后决定传位儿子而非侄子，恢复李唐。矗立在乾陵的无字碑，也许正表明了武则天的这种复杂的心态。这则是非常人所及的。倘若我们看不到这一点，倒是小瞧了武则天。而一个劲去说她做女皇怎样了不起，无外乎是瞎起哄。

最后，不免想到袁世凯，这位不识时务者，也算是中国最后一个皇帝吧，靠出卖、奸诈和阴谋，爬上皇帝宝座，当了 83 天"洪宪皇帝"，就呜呼哀哉。比起武则天来，则更是等而下之。

（原载《深圳特区报》1996 年 11 月 4 日，略有删改）

跋

　　20 世纪中叶,郭沫若先生发表了《十批判书》,评论了先秦诸子的哲学和政治思想,在历史学和思想史学界产生了很大影响。古罗马时期的哲学家普洛丁曾著《九章集》(*Enneads*,或译《九部书》),更是西学经典。这本小书取名《九批判书》,实有攀龙附凤之嫌。女儿也称之为郭沫若的"山寨版",嘲讽之情不言而喻。但我思来想去,还是用了这个书名,原因很简单,想不出更好的了。

　　这里面的文字基本上都见诸报刊,也有其他拙著中的篇什,写作的时间,前后有十几年之久。猬集在此,有一点共同之处,那就是:"批判"。思想、教育、学术是一体的,从各种批判,也指向一个总的目标。中华民族正在崛起、腾飞,这是一百多年来多少仁人志士的梦想。可是,如果仅仅只是致力于经济、技术、军事、政治甚至科学水平的发展,还是不够,没有文化和教育的普及、提高,没有整个国民素质的提高,是不可能建设高度发达的现代化中国,难以实现中华民族真正腾飞的美梦的。这就是我"批判"的总指向。当然,一得之见,管中窥豹,难免以偏概全,缺点和谬误,期盼大方之家不吝赐教。

　　2008 年,中国经历了很多前所未有大事件:南方雪灾、火车出轨,尤其是汶川特大地震和北京奥运会,让我们震撼、感动、愤怒、悲欣交集……其实,每一个中国人在这些事件中都受到一定程度的考验或拷问。这种考验或拷问或许让一些中国人的"中国梦"更加清醒。发源于华尔街的金融海啸,至今仍然让我们无法预测它的走向和未来。由此我们深知,中国未来的道路充满着挑战和风险。对于一个思想者来说,更应该从纷纭复杂、风云诡谲的历史表面,洞若观火,举本舍末。

牛年春节已过,元宵节的彩灯、焰火、爆竹也成过眼烟云。和煦春风扑面而来,但是,春寒仍可能料峭。严峻的 2009 年正严阵以待。

章启群

2009 年 2 月 2 日,己丑正月初八记于燕南园 56 号,冬阳温暖无限。

2 月 12 日夜改订于莂园,时遇京城百日大旱以来之首场春雨。

北大出版社出版的该作者其他相关图书：

《百年中国美学史略》

7 – 301 – 09664 – X,2005 年出版,25.00 元

该书是叙述 1900 年以来的中国现代美学史。该书将一百年来中国的美学思想清晰地归纳为三条线索：第一条是以王国维、宗白华、徐复观为代表的道路，力图从传统中国美学思想中寻求新生；第二条是以朱光潜为代表的道路，力图用西方美学思想建构中国美学；第三条是以李泽厚为代表的道路，力图用马克思主义理论建构中国美学。这三条道路都取得了斐然的成果，但作者认为宗白华代表了中国美学发展的

正途，他对中国美学独特精神的深刻开掘是百年来中国美学发展的巅峰。